Maria Albert Stiegler

Dispensation und Dispensationswesen in ihrer geschichtlichen Entwickelung

bis zum IX. Jahrhundert

Maria Albert Stiegler

Dispensation und Dispensationswesen in ihrer geschichtlichen Entwickelung
bis zum IX. Jahrhundert

ISBN/EAN: 9783743656185

Hergestellt in Europa, USA, Kanada, Australien, Japan

Cover: Foto ©Suzi / pixelio.de

Weitere Bücher finden Sie auf **www.hansebooks.com**

Dispensation und Dispensationswesen

in ihrer

geschichtlichen Entwickelung bis zum IX. Jahrhundert.

Inauguraldissertation,

zur

Erlangung der juristischen Doctorwürde

der

juristischen Fakultät der Kaiser-Wilhelms-Universität Strassburg

vorgelegt von

Maria Albert Stiegler
cand. iur.

Mainz,
Verlag von Franz Kirchheim.
1897.

Druck von Joh. Falk III. Söhne, Mainz.

Vorwort.

Vorliegende Arbeit verdankt ihre Anregung hauptsächlich den in der kirchenrechtlichen Literatur schon mehrfach aufgetretenen Meinungsverschiedenheiten über den Begriff der kanonischen Dispensation. Da die einzig richtige Lösung dieser Differenzen nur durch eine Untersuchung geboten werden kann, welche die Frage von der *rechtshistorischen* Seite aus anfasst, so habe ich mir die Aufgabe gestellt, die geschichtliche Entwickelung des Dispensationswesens überhaupt zu untersuchen. Auf diese Weise wird eine Grundlage geschaffen, auf welcher sowohl der Begriff der Dispensation festgestellt, als auch zwei andere, für die Beurteilung der kanonischen Dispensation äusserst wichtige Fragen entschieden werden können, nämlich: ob man nicht schon *vor* dem XI. Jahrhundert Dispensen im voraus erteilt, und wie sich das Dispensations*recht* geschichtlich gestaltet hat. Die erstere Frage wird uns hier des nähern beschäftigen.

Eine Vorarbeit über die geschichtliche Entwickelung des Dispenswesens giebt es nicht. Die Zusammenstellung von diesbezüglichen Zitaten, die sich bei Thomassin in seiner Vetus et nova ecclesiae disciplina findet, ist mit Rücksicht auf das historische Material, das uns heute zu Gebote steht, ganz unvollständig, und, was wohl der grösste Mangel an ihr ist, vom Gesichtspunkte des Dispensations*rechts* aus gemacht, so dass der *Begriff* der Dispensation als feststehend vorausgesetzt wird. Dasselbe gilt von dem Schriftchen von Jung, Facta dispensationem episcopalium, Mog. 1787. Es liegt auf der Hand, dass bei *solcher* Methode das Resultat in keiner Beziehung, weder im Hinblick auf das Dispensations*recht* noch im Hinblick auf das Dispens*wesen* ein bedeutendes sein kann, denn wie lässt sich die Frage nach dem Dispensations*recht* beantworten, wenn man vorher nicht weiss, *was die damalige Zeit überhaupt als Dispens betrachtet hat*. Zuerst muss also der Begriff festgestellt sein.

Von diesem Gesichtspunkte aus bin ich an die Behandlung des umfangreichen, allseitig zerstreuten Stoffes herangetreten. Bei der Darstellung der geschichtlichen Entwickelung des Dispensationswesens unterscheide ich 4 Perioden. Die erste geht bis zum IX. Jahrhundert. Von diesem Zeitpunkt ab ist man nicht mehr auf *gelegentliche* Aeusserungen von Päpsten oder Kirchenschriftstellern angewiesen; die Dispens erscheint hier bereits als Gegenstand *besonderer* Darstellungen oder wird doch in den Kanonensammlungen berücksichtigt. Aus diesem Grunde wurde das IX. Jahrhundert als Grenzpunkt gewählt. Es folgt dann die Zeit bis zur Abfassung des Dekret Gratians, der namentlich im dictum zu c. 5. C. 1. qu. 7 seine Ansicht über die Dispensation niedergelegt hat. Auf seinen Ausführungen bauten die Glossatoren weiter, bis schliesslich die theoretischen Grundsätze über die Dispens in der Dekretalensammlung Gregors IX. ihre offizielle Anerkennung fanden. Dieser Zeitraum bildet den Gegenstand der III. Periode. Der IV. Teil umfasst die weitere Ausbildung des Dispenswesens bis auf unsere Zeit. Die Darstellung der geschichtlichen Entwickelung des Dispensations*rechts* geschieht für sich besonders.

I. Kapitel.

§. 1. Οἰκονομία, dispensatio. *Worterklärung*.

Dispensare bezeichnet nach Varro [1]) und Festus [2]) das Zuwägen einer Geldsumme beim Auszahlen eines Betrags. Da dieses Geschäft zu den Obliegenheiten des Hausverwalters gehörte, übertrug man den Begriff der dispensatio auf dessen gesammte Thätigkeit. Dieser Bedeutung von dispensare entspricht das griechische οἰκονομεῖν [3]). Οἰκονομία und dispensatio heissen demnach Verwaltung. In diesem Sinne finden sich οἰκονομία und dispensatio in der hl. Schrift angewendet. Christus spricht [4]) von einem treuen und verständigen Haushalter, »πιστὸς οἰκονόμος καὶ φρόνιμος,« und in dem Gleichnis vom reichen Mann [5]) ist die Rede von einem Schaffner, »οἰκονόμος, villicus,« der für seine Verwaltung, »οἰκονομία, villicatio,« Rechenschaft ablegt [6]). In derselben Bedeutung kennen die römischen Rechtsquellen [7]) den dispensator, griechische Schriftsteller [8]) den οἰκονόμος.

Als Grundbedeutung von οἰκονομεῖν, dispensare ergiebt sich hiernach: verteilen, verwalten, leiten, ordnen = disponere, curare, ad-

---

1) De lingua latina, ed. *Müller*, Lips. 1839, p. 71: »ab aere pendendo dispensator.« — 2) De verborum significatione, ed. *Müller*, Lips. 1839, p. 72: »Dispensatores dicti, qui aes pensantes expendebant, non adnumerabant.« — 3) Stephanus, Thesaurus graecae linguae. Paris. 1842—46, unter οἰκονομεῖν. Eine andere Ableitung kennt Cyrill in seinen Erklärungen zu Lukas 16, 12: »οἰκονόμοι γὰρ λέγονται παρὰ τῷ τὰ οἰκεῖα ἑκάστῳ νέμειν;« (Mai, Nova Patrum bibliotheca, Rom. 1847, II. 348). Er leitet also οἰκονομεῖν ab von οἰκεῖα—νέμειν und nicht von οἶκον—νέμειν. — 4) Luk. 12, 42. — 5) Luk. 16, 12. — 6) Andere hierher gehörige Stellen: Eph. 1, 10; 3, 2. 9; Coloss. 1, 25; 1. Timoth. 1, 4; Tit. 1, 7; 1. Petr. 4, 16, 1. Corinth. 9, 17 werden die Apostel οἰκονόμοι μυστηρίων θεοῦ - dispensatores mysteriorum Dei genannt; vgl. 1. Cor. 4, 12. — 7) L. 51, 62, D. de solut. et liberat. 46, 3; in l. 166. D. de verb. signif. 50, 16 heisst dispensator derjenige, »qui rusticarum rerum rationes dispenset.« — 8) Diesbezügliche Stellen siehe bei *Stephanus*, Thesaurus graecae linguae, Paris. 1842—46, sub οἰκονομία, οἰκονόμος und οἰκονομέω. — *Isidor* sagt in seinen Etymologieen: »Dispensator vocatur, cui creditur administratio pecuniarum. Et ideo, quia prius, qui dabant, pecuniam non numerabant eam sed appendebant«; Migne, Cursus patrologiae, 82, 374, n. 67.

ministrare, ordinare. In dieser Bedeutung hat sich das Wort bis auf unsere Zeit erhalten[1]).

Die Kirchenväter pflegen eine besondere Thätigkeit der göttlichen Vorsehung als Dispensation zu bezeichnen. Sie gehen dabei von dem Gedanken aus, dass Gott die Menschheit nicht allein als Ganzes leitet, sondern auch jeden Einzelnen zu dem von ihm frei gewählten Ziel hinführt[2]). Dies thut er vermittelst der Dispensation. *Origenes* sagt z. B.: Wie der Hausvater unter seinen Knechten zur Ausführung der schwierigsten Arbeiten den tüchtigsten auswählt und jedem derselben überhaupt eine seinem Können entsprechende Thätigkeit zuweist, ebenso handelt auch Gott mit den Menschen; als ein guter Dispensator bedient er sich der sittlichen Anlage jedes Einzelnen, um ihn diejenigen Werke hervorbringen zu lassen, welche dessen Wille sich ausgewählt hat[3]). Dispensationen wären hiernach die geheimen Wege, auf denen Gott die Menschen leitet. »Per eius providentiam dispensamur in vita,« sagt derselbe Kirchenschriftsteller[4]). Eine Dispensation in diesem Sinne ist es auch, dass die göttliche Weisheit den einen Reichtum in den Schoss schüttet, andere aber am Notwendigen darben lässt[5]), wenn die Verbrechen der einen für andere Glück und Segen bringen[6]), wenn den einen das Evangelium gepredigt, andern dagegen versagt wird[7]). So Origenes. In allen diesen Stellen heist οἰκονομία so viel als »Leitung, Verwaltung, Ratschluss, Führung«, jedoch knüpft sich daran stets eine ganz charakteristische *Nebenbedeutung*, nämlich die, dass Gott vermittelst solcher Dispensationen stets etwas Abweichendes geschehen lässt, abweichend von dem, was sonst der menschliche Verstand in derartigen Fällen erwartet, und das *er*, falls *ihm* die Entscheidung über die Sache zugestanden hätte, anders gethan haben würde. Hätte er doch z. B. die irdischen Güter gleichmässig verteilt und die Gnade des Evangeliums allen Menschen zukommen lassen. So würde ein *Mensch* handeln; anders handelt aber *Gott*. Dieser leitet die Menschheit auf verborgenen Wegen, welche sich, vom rein menschlichen Standpunkt aus betrachtet, darstellen als Dispensationen, als Handlungsweisen, die abweichen von dem, was die na-

---

1) Vgl. z. B. die Summe Stephans von Tournay zum Dekret Gratians, woselbst dispensare umschrieben ist mit disponere, providere; ed. *Schulte*, Giessen, 1891, p. 110 zu D. 89.
2) L. 7 in ep. ad Romanos, Migne, 14, 1154. — 3) l. 7 in ep. ad Rom., Migne, 14, 1154. — 4) L. c. l. 9. p. 1202; vgl. p. 1214, p. 183; περὶ Ἀρχῶν, l. 1, Migne, 11, 169; l. c. l. 3. p. 332. — 5) L. 7 in ep. ad Rom. l. c. p. 1186; vgl. *Gregor. Pap. I.*, l. 33 Moralium, c. 26, ed. Maur. Paris, 1705, 3, 360. — 6) Origenes, l. c. p. 1187, p. 1200. — 7) L. c. p. 858.

türliche Vernunft für das unter den betreffenden Umständen am zweckmässigsten gehalten hätte oder halten würde [1]).

Als die οἰκονομία (dispensatio) κατ' ἐξοχὴν bezeichnet die patristische Literatur das Geheimnis der Menschwerdung Christi [2]). Auch damit ist deutlich ausgesprochen, dass es sich um etwas Sonderbares, von dem gewöhnlichen Gang der Dinge Abweichendes handelt. Christus nimmt als Gott Fleisch und Blut eines Menschen an, führt als Gott ein armes, elendes Dasein und stirbt schliesslich am Kreuze zwischen Räubern wie ein Verbrecher — lauter Vor-

---

[1]) Diesen Gedanken führt sehr schön aus der Spanier Theodulf († c. 821) in einem Gedicht mit der Ueberschrift:
»De dispensatione divina, quae saepe occulta est, nunquam tamen iniusta.« Dasselbe heisst:
»O vis, o decus, o excelsi gloria sensus,
  Quae mirari omnes, noscere nemo valet.
Multa regi varie, qui humana in gente videmus,
  Ignarique sumus, cur, quid et unde fiat.
Nam mala saepe bonos, reprobos bona saepe sequuntur,
  Et bona saepe bonos et mala saepe malos.
Saepe bonus premitur, malus in sublime levatur,
  Decidit atque malus, surgit ad alta bonus.
Omnia iudiciis sunt haec moderata supernis,
  Sunt saepe occulta haec, nunquam inhonesta tamen:
Quae suavi ac forti disponit singula nutu
  A fine in finem, et cuncta gubernat herus.
Judicat ergo Deus nec nulla, nec omnia semper,
  Improba quae fiunt nunc sine lege sua.
Tempore iudicium si nullum agitaret in isto,
  Nonne impune foret quod furor ater agit?
Mox curare Deum mortalia nulla putantes,
  Effrenes irent in mala cuncta mali.
At si peccantes mox ultio digna feriret,
  Ictaque iudicii cuncta secura forent:
Irrita supremi remanerent iura diei,
  Judicii et nullum tempus haberet opus.
Judicat hinc quaedam ut nostra hunc curare sciamus,
  Et quia quae gerimus spectat ab arce Deus:
Judicat idcirco non omnia, plura reservat,
  Ut quid agat habeat ultima magna dies.
. . . .«
Aus den *Monumenta Germaniae*. Berol. 1881, Poetar. lat. med. aev. tom. I. p. 467 sq. Vgl. *Basilius*, ep. 5, Migne, 32, 260; ep. 11, l. c. p. 274.

[2]) Eine Zusammenstellung diesbezüglicher Zitate findet sich bei Suicer, Thesaurus ecclesiasticus, Amstelod. 1782, unter οἰκονομία, und bei *Stephanus*, l. c. unter demselben Worte, ebenso bei *Du Cange*, Glossarium ad scriptores mediae et infimae graecitatis, Lugd. 1688, unter οἰκονομία; vergl. *Florentis*, tractatus de dispensationibus ecclesiasticis, Opp. Norimb. 1756. 1. 377.

stellungen, die mit der Idee Gottes als dem unendlich vollkommensten Wesen ganz unvereinbar sind. Dass sich aber Christus trotzdem so sehr erniedrigt hat, lässt sich, wie die Kirchenväter sagen, nur daraus erklären, dass derselbe hier, gewissermassen auf seine göttliche Natur verzichtend, eine Ausnahme gemacht habe von der Regel, dass ein Gott nicht leiden, nicht sterben könne, und zwar auf Grund einer Dispensation. Im Martyrium des Apostelschülers Ignatius heisst es [1]): Ὁ ἐμὸς κύριος εἰ καὶ ἀπέθανεν, δι' οἰκονομίαν ἀπέθανεν.« Irenäus [2]), Basilius [3]) und Athanasius [4]) lassen den Erlöser die menschlichen Schwachheiten οἰκονομικῶς, per dispensationem auf sich nehmen. Dass Christus, nachdem er mit seinen Jüngern das Schifflein bestiegen [5]), sich vom Schlaf übermannen und auch sonst menschliche Leiden über sich kommen liess, erklärt sich Cyrill [6]) οἰκονομικῶς, da der Heiland vermöge seiner göttlichen Natur aller dieser Beschwerden enthoben war, und wenn sich Christus vom Teufel versuchen liess, so geschah auch dies nur vermittelst einer Dispensation [7]). Für οἰκονομία in diesem Sinne findet sich häufig als gleichbedeutend verwendet συγκατάβασις, was der Lexikograph Suidas, wie folgt, umschreibt: »ὅταν μὴ ὡς ἔστιν ὁ Θεὸς φαίνηται, ἀλλ' ὡς ὁ δυνάμενος αὐτὸν θεωρεῖν οἷός τέ ἐστιν οὕτως ἑαυτὸν δεικνύῃ, ἐπιμετρῶν τῇ τῶν ὁρώντων ἀσθενείᾳ τῆς ὄψεως τὴν ἐπίδειξιν« [8]).

1) Patrum apostolicorum opera, ed. *Funk*, Tüb. 1863. 2. 369.
2) Contra haereses, l. 1, c. 6, Migne, 7, 504.
3) Ep. 236, Migne, 32, 878.
4) De Trinitate dialogus quartus, Opera, ed. Commeliana, Heidelb. 1601, 2. 204: Christus konnte leiden »unito sibi corpore, quod pati posset, ut passio fit *oeconomiae* respectu. non autem ipsius naturae Sermonis. Sicut enim fuit de via non in ipsa deitatis natura, sed habita unitionis oeconomicae ratione: ita passus est non in ipsa deitatis natura, sed quod ad unitionis oeconomiam attinet. Alioqui, quomodo qui absque labore fecit coelum et terram et incedit supra ventorum piunas, defessus fuisset, nisi sibi ipsi corpus univisset, quod fatigari posset? ... Sicut autem corpus illud animatum, quod Sermo sibi univit, est ipsius corpus non natura sed secundum oeconomiam: ita labor est ipsius labor, non natura sed secundum unitionis oeconomiam; et perpessio est ipsius perpessio non natura (natura enim Sermonis est perpessionis expers) sed secundum unitionis oeconomiam«; vgl. l. c. p. 208.
5) Matth. 8, 23. — 6) Exzerpte aus dem Kommentar zu Matth., *Mai*, l. c. 2. 476. — 7) *Poterius* in l. 2. c. 1. de expositione veteris Testamenti Gregorii Magni, Opp. Greg. Mag. l. c. 15, 7. — 8) *Suidas*, Lexicon, graece et latine, ed. *Bernardy*, Halle und Braunschweig 1853, unter συγκατάβασις. *Zonaras* gibt in seinem Lexikon folgende Erklärung: Οἰκονομία ist τοῦ μεγέθους συγκατάβασις: πολὺ δυσπαράδεκτος ἦν ὁ τῆς σαρκώσεως λόγος. ἡ γὰρ ὑπερβολὴ τῆς φιλανθρωπίας αὐτοῦ καὶ τὸ μέγεθος τῆς συγκαταβάσεως;« ed. *Tittmann*, Lips. 1808, 2. 1433.

Nach der Auffassung der Kirchenväter hat sich also die Heilsthatsache in der Weise verwirklicht, dass der Sohn Gottes sich herabliess (συγκαταβαίνειν), seiner göttlichen Natur wenigstens anscheinend zu entsagen und so vermittelst einer Dispensation sich mit einem menschlichen Körper zu vereinigen.

Uebertragen wir nun den eben ermittelten Sinn von οἰκονομία, dispensatio auf *menschliche* Handlungen, so bedeutet derselbe das umsichtige Abwägen sämmtlicher für die Entscheidung eines Falles, für das Handeln oder Nichthandeln, für das So- oder Andershandeln in Betracht zu ziehenden Momente. Kommt man bei diesen Erwägungen zu einem Resultat, das eine Abweichung von der allgemeinen Regel für gut erscheinen lässt, und handelt man gemäss demselben, so ist dies eine Ausnahme, welche in der Dispensation ihre Rechtfertigung findet. Ob und inwieweit nun die patristische Literatur eine derartige Uebertragung der οἰκονομία, dispensatio kennt und auch dem Menschen Dispensationen für seine Handlungen zugesteht, muss hier nun des näheren untersucht werden. Wir werden sehen, wie bereits in der alten Philosophie οἰκονομία im Sinne der Gestattung einer Ausnahme gebräuchlich war, wie dann die Kirchenväter dieses Prinzip adoptierten und ihm eine biblische Grundlage zu geben bemüht waren.

Die eigentümliche Ansicht über Lüge und Wahrhaftigkeit, wonach die eigentliche Lüge nur in der Selbsttäuschung besteht, nur diese unbedingt verwerflich, die Täuschung anderer dagegen in allen den Fällen erlaubt ist, wo sie ihnen zum Besten gereicht, verleitete *Sokrates* und *Plato* dazu, dem Einzelnen unter gewissen Bedingungen sowie auch der Staatsbehörde als Hülfsmittel der Erziehung und Regierung die Anwendung der Lüge zu gestatten [1]). Das ψεῦδος ist danach erlaubt überall, wo der Vorteil des andern oder das Gemeinwesen selbst eine Täuschung erfordert. Hierin ist das Prinzip der sog. *Notlüge* ausgesprochen. Die Lüge ist dem Menschen heilsam, sagt Plato, nach Art einer Arznei, »ὡς ἐν φαρμάκου εἴδει,« und um der Heilung anderer willen ist es unter Umständen gar nicht zu vermeiden, die Unwahrheit zu reden [2]). So darf z. B. der Arzt dem Kranken, an dessen Rettung er beinahe verzweifelt, auf sein Befragen über seinen Zustand eine beruhigende Antwort geben, um nicht selbst die Unmöglichkeit des Gelingens der letzten Anstrengungen herbeizuführen, die er zur Heilung desselben macht.

---

1) *Zeller*, Die Philosophie der Griechen, Leipzig, II. 123, 500.
2) De republ. l. 3. c. 3. ed. Schmelzer, Berol. 1884, p. 109.

Seitens der Stoa wird diese Notlüge motiviert durch eine οἰκονομία, eine Verstellung, indem man sich den Anschein gibt, als thue oder sage man etwas, während man in Wahrheit etwas ganz Anderes thun oder sagen sollte; man verfolgt aber damit einen ganz besondern, einen guten Zweck, so dass mit Rücksicht auf einen derartigen Bestimmungsgrund die Abweichung von dem oder die Unterlassung dessen, was man eigentlich thun oder sagen sollte, hinreichend begründet erscheint. Die Rechtfertigung zu einer solchen Verstellung ergiebt sich durch die Anwendung einer οἰκονομία. So berichtet uns *Johann von Stobi*, genannt Stobaeus, in seiner Anthologie [1]). *Mark Aurel*, der bekanntlich der stoischen Lehre huldigte, sagt in seinem Buch »Περὶ ἑαυτοῦ«: Der Gerechte wandelt im Leben, frei von jeder Verstellung = οἰκονομία· »πολλὰ γὰρ κατ' οἰκονομίαν γίνεται [2]).« Vieles geschieht auf Grund einer Verstellung, Heuchelei. Hiernach heisst, κατ' οἰκονομίαν etwas thun, so viel als etwas anderes thun, als das, was man eigentlich sollte, sich verstellen, um einen Zweck zu erreichen, den man nach dem natürlichen Lauf der Dinge auf dem gewöhnlichen Wege nicht erlangen würde. Gewisse Handlungen tragen nämlich an sich den Charakter des Bösen; erhalten sie aber unter dem Einfluss besonderer Umstände ihre Richtung auf einen speziell guten Zweck, dann kann die Vornahme derselben gestattet sein, ohne dass dadurch den Handelnden irgend eine Schuld träfe. Dieses ist die Wirkung der Dispensation. Auch bei *Arrian*, der uns die philosophischen Grundsätze seines Lehrers Epiktet überliefert hat, befindet sich eine Stelle, in der die Rede davon ist, dass im Leben Vieles auf Grund einer οἰκονομία geschieht, das von dem abweicht, was für die betreffenden Fälle sonst als Regel gilt [3]).

In dem bisher erörterten Sinn geht die οἰκονομία in die patristische Literatur über. *Klemens von Alexandrien* [4]) sagt von

---

1) »Τῷ μέντοι ψεύδει ποτὲ συγχρήσασθαι νομίζουσιν (sc. Stoici) αὐτὸν (sc. sapientem) κατὰ πολλοὺς τρόπους ἄνευ συγκαταθέσεως· καὶ γὰρ κατὰ στρατηγίαν πρὸς τῶν ἀντιπάλων καὶ κατὰ τὴν τοῦ συμφέροντος πρόορασιν καὶ κατ' ἄλλας οἰκονομίας τοῦ βίου πολλάς.« Ed. *Wachsmuth*, Berol. 1884, 2. 230. *Heeren* übersetzt in seiner Ausgabe des Florilegiums, Gött. 1801, an dieser Stelle, l. 2. c. 7, 2. 251, οἰκονομίας mit necessitatibus. Dies ist nicht richtig. Die Notlüge hat nach der Auffassung der alten Philosophen ihre Berechtigung in der die thatsächliche Notlage berücksichtigenden Erwägung, dass man im Falle einer solchen von der Wahrheit abweichen darf. ˙ Die οἰκονομία ist also selbst nicht die Notwendigkeit, sondern setzt diese vielmehr voraus.

2) De rebus suis libri duodecim, ed. *Gataker*, Lond. 1652, l. 4. §. 51, p. 34; vgl. l. c. l. 4. §. 19. p. 26.

3) Arrianus in Epictet., ed. *Schenkl*, Lips. 1894, l. 3. c. 14. n. 7. p. 246.

4) Stromata, l. 7. c. 9, Migne, 9, 474.

dem Gnostiker: Er fühlt und sagt nur Wahres, es sei denn, dass er mit der Unwahrheit einen besondern Zweck verbinde, wie der Arzt es thut, der dem Kranken den wahren Zustand der Krankheit verheimlicht. Zur Begründung dieser seiner Behauptung beruft Klemens sich auf Plato und zitiert wörtlich die bereits [1]) erwähnte Stelle aus dessen Staat. Lüge und lügenhaftes Benehmen seien aber nur gestattet »κατ' οἰκονομίαν« [2]). Eine derartige Dispensation habe z. B. der Apostel Paulus gebraucht, als er seinen Schüler Timotheus beschneiden liess, obgleich er selbst die Vornahme jüdischer Zeremonien den Christen ausdrücklich verboten hatte [3]). Paulus lasse sie aber zu, um durch die rücksichtslose Forderung der strengen Beobachtung der Gesetze die neu bekehrten Juden nicht wieder vom Christentum abzustossen und den noch nicht bekehrten den Uebertritt möglichst zu erleichtern. Seine Betrachtung schliesst Klemens mit den Worten: »Ὁ τοίνυν μέχρι τῆς συμπεριφορᾶς διὰ τὴν τῶν πέλας σωτηρίαν συγκαταβαίνων ψιλῆς διὰ τὴν τῶν δι' οὓς συμπεριφέρεται σωτηρίαν, οὐδεμίας ὑποκρίσεως διὰ τῆς ἐπηρτημένον τοῖς δικαίοις ἀπὸ τῶν ζηλούντων κίνδυνον μετέχειν ἀναγκάζεται.« Wer also um des Nächsten Heil willen von den strengen Forderungen Abstand nimmt und sich dessen Lage akkommodiert, der macht sich wegen dieser συγκατάβασις einer sündhaften Verstellung nicht schuldig [4]).

Ganz dieselbe Auffassung kehrt bei *Origenes* wieder. Im sechsten Buch seiner Stromata [5]) erwähnt er ebenso wie Klemens die bekannte Stelle über die Notlüge aus Plato's Staat [1]) und knüpft an dieselbe folgende Erwägungen: Es ist *Gottes* absolut unwürdig auf Grund einer Dispensation die Unwahrheit zu sagen; indessen spricht er manchmal um des Vorteils der Menschen willen in zweideutigen Worten, in Räthseln, so dass einerseits die Wahrheit nicht verschwiegen, anderseits das, was unter Umständen schaden könnte, gleichsam verhüllt mitgeteilt wird. Der *Mensch* dagegen darf sich der Lüge bedienen, da ihn manchmal die Not dazu treibt. Dann muss er sie aber gebrauchen nach Art eines Heilmittels und die Grenzen innehalten [6]), gerade so wie es Judith dem Holofernes, Jakob seinem Vater gegenüber gethan hat. — Abgesehen von der Motivierung der Notlüge vermittelst der οἰκονομία finden sich bei Origenes auch sonst noch viele Beispiele von Verstellungen, die er durch Zuhülfenahme der Dispensation zu rechtfertigen sucht. So

---

1) vgl. S. 5 Anm. 2. — 2) Die Worte Platos ἐν φαρμάκου εἴδει« umschreibt Klemens mit »ἐν θεραπείας μέρει« l. c. — 3) 1. Cor. 9, 11. — 4) vgl. Stromata, l. 7. c. 12, l. c. p. 502. — 5) Migne, 11, 102. — 6) d. h. die Dispensation nur insoweit anwenden, als dieselbe durch die Notwendigkeit gerechtfertigt ist.

gab sich z. B. der König Jehu den Anschein, als ob er den Götzen
Bal verehren wollte, während in der That dies nur als Vorwand
dienen sollte, um denselben desto leichter und gründlicher vernichten zu können. Ueber die Gestattung der Beschneidung des
Timotheus sagt Origenes, es sei manchmal erlaubt, dass ein wahrer
Christ, der Gott im Geiste und in der Wahrheit anbetet, unter Umständen die typischen Zeremonien des Alten Testamentes vornehmen
dürfe, »ἵνα τοὺς τῷ τύπῳ δεδουλωμένους οἰκονομικώτατα ἐλευθερώσας
τῶν τύπων προςαγάγῃ τῇ ἀληθείᾳ.« Dies habe Paulus dem Timotheus
gegenüber gethan und auch zu Kenchrä, als er sich das Haupt
scheeren liess [1]).

Ein fernerer Vertreter dieser Ansicht ist *Chrysostomus*.
Der Apostel Paulus, sagt er, hat die Beschneidung seines Schülers
auf Grund einer Dispensation zugelassen. Ueberhaupt habe sich der
Apostel den jüdischen Gebräuchen sehr oft akkommodiert »κατ' οἰκονομίαν« [2]). Der Apostel hatte behauptet, dass diejenigen, die sich
beschneiden lassen, von der Erlangung des Heils ausgeschlossen seien,
und später berichte er doch selbst im Galaterbrief [3]), dass einer seiner
Schüler mit seiner Erlaubnis sich der Beschneidung unterzogen habe.
Diese Ausnahme lässt Chrysostomus geschehen um des Glaubens willen,
indem Paulus sich den jüdischen Gebräuchen, soweit als es möglich
war, fügte, aber nur vorübergehend, um das jüdische Volk desto
leichter zu gewinnen und desto fester mit der Kirche Christi zu
verknüpfen [4]). Dispensationen dieser Art erwähnt Chrysostomus noch
viele. Der Apostel Paulus hatte z. B. versprochen, auf seiner Durchreise nach Mazedonien die Korinther zu besuchen [5]); gewisse Gründe
zwangen ihn aber von seinem Plan abzustehen, welche Aenderung
Chrysostomus auf eine Dispens zurückführt [6]).

Von besonderem Interesse sind die Ausführungen *Isidors von
Pelusium* über die οἰκονομία. Befehlen und Gestatten, sagt er
in einem Brief [7]), sind nicht dasselbe. Das Befehlen bezieht sich
auf das, was unter allen Umständen geschehen muss, z. B. die
Beobachtung des Verbots des Ehebruchs und des Mordes. Dem Befehlen gegenüber steht das Nichtbefehlen, das Nichtverbieten, das
Gestatten κατ' οἰκονομίαν. »Ἄλλο γὰρ τὸ κελεύειν, ἄλλο τὸ μὴ κελεύειν· τὸ μὲν γὰρ νομοθεσίας, τὸ δ'οἰκονομίας«. Das Nichtbefohlene
ist also nach der Ansicht Isidors zulässig nur infolge einer gütigen

---

1) Com. in Joann., Migne, 14, 429. — 2) Hom. 61 in Acta 21, 20, Migne,
66, 321. — 3) 2, 3. — 4) Com. in cp. ad Galat. 2, 5, Migne, 61, 636; vgl.
pp. 639, 613, 641, — 5) 1. Cor. 16, 5. — 6) Hom. 3. n. 3 in 2. Cor. 1, 17,
Migne, 61, 408. — 7) L. 4. ep. 73, Migne, 78, 1126.

Nachsicht des Gesetzgebers, der gewisse Verhältnisse absichtlich nicht unter seinen Willen stellt: »τὸ δὲ οἰκονομίας τινὸς ἕνεκεν συγχωρεῖται« ¹). Die Dispensation wird demnach von Isidor aufgefasst als die Gestattung der Vornahme von nicht verbotenen Handlungen oder der Unterlassung von nicht gebotenen Handlungen, und nicht als die Gestattung der Setzung von verbotenen oder der Unterlassung von gebotenen Handlungen. Eine Dispensation in dem Sinne Isidors wäre also die Gestattung der Ehe, indem dieselbe weder geboten, noch verboten ist, eine Auffassung, welche namentlich bei dem hl. Augustinus des öftern wiederkehrt. Isidor kennt die οἰκονομία aber auch in dem Sinne der Gestattung einer Ausnahme von dem, was sonst geboten oder verboten ist. Er führt selbst, und zwar in demselben Brief, ein Beispiel an, dass die Apostel die Beschneidung gestatteten: »συνεχώρουν δὲ, οὐχ ὅτι δεῖ γενέσθαι (sc. περιτομή), ἀλλ' ὅτι σοφῆς συγκαταβάσεως ἦν χρεία« ²).

Seine Flucht vertheidigt der *hl. Athanasius* durch den Hinweis darauf, dass sie auf Grund einer Dispensation geschehen, und dass solche Ausnahmen, wie er an verschiedenen Beispielen zeigt, in der hl. Schrift öfters vorgekommen seien ³).

In den Schriften des *hl. Hieronymus* finden wir die dispensatio im Sinne der Gestattung einer Ausnahme vielfach erwähnt. Paulus war den Juden ein Jude, um sie leichter für den Glauben an Christus zu gewinnen⁴), er schor sich das Haupt⁵), er liess den

---

1) L. c. p. 1125.
2) L. c. p. 1126; vgl. l. 1. ep. 157, Migne, 78, 410, wo er sagt, dass Paulus sehr oft vermittelst einer Dispensation zum Gesetz zurückkehrte: »Οὔτε οὖν περιτέμνων Τιμόθεον οὔτε ἐν ἀζύμοις χειρόμενος οὔτε δι' αὐτοὺς λέγων περικεῖσθαι τὴν ἅλυσιν, πρὸς τὸν νόμον ὑπέστρεψεν · ἀλλ' ὃν ἀφῆκεν ὡς τέλειος νηπίοις μᾶλλον ἁρμόζοντα οἰκονομικῶς δι' ἐκείνους ἐδέχετο, ἵνα γένωνται τέλειοι.«
3) Ἀπολογία περὶ τῆς φυγῆς αὐτοῦ, Migne, 25, 667 sqq.; p. 670: »ὥστε καὶ τὴν φυγὴν αὐτῶν καὶ τὸ διαδρᾶναι τῶν ζητούντων τὸν θυμόν, κατ' οἰκονομίαν τοῦ Κυρίου γεγενῆσθαι.« Vgl. *Gregor.* Pap. I. l. 31 Moral. c. 59, Opp. l. c. 3. 294: »Qua in re pensandum est, quia ille labores quosdam per dispensationis iudicium laudabiliter declinat, qui pro Deo maiores alios fortiter tolerat. Nam saepe ab hominibus timor debilis cauta dispensatio vocatur, et quasi prudentis impetum declinasse asserunt, cum fugientes turpiter in terga feriuntur. Unde necesse est, ut in causa Dei, cum res dispensationis agitur, metus cordis subtilissima libratione pensetur: ne per infirmitatem timor subrepat et sese per dispensationis imaginem rationem confingat, ne culpa se prudentiam nominet; iamque nec ad poenitentiam animus redeat, quando hoc, quod inique perpetrat, virtutem vocat.« Der Papst wendet sich hier gegen die so gefährliche Selbstdispensation auf dem Gebiete der Moral.
4) 1. Cor. 9, 20. — 5) Acta 18, 18; vgl. 21, 24.

Timotheus beschneiden¹), sagt Hieronymus²), und dies Alles auf Grund einer Dispensation, *simulatio*³); er habe sich gestellt, als käme er damit einem jüdischen Gebote nach, in der That aber wollte er auf diese Weise dasselbe um so leichter zu Fall bringen. Wie hätte er denn sonst den hl. Petrus wegen dessen Akkommodation an die Juden und deren Gebräuche tadeln können? fragt Hieronymus. Petrus habe hierin gerade wie Paulus von dem Mittel der Dispensation Gebrauch gemacht. Als aber nachher die nur unter den betreffenden eigenartigen Umständen begründete Handlungsweise des Apostels Petrus dem hl. Paulus als gefährlich erschien, »nova bellator verus usus est arte pugnandi, ut dispensationem Petri, qua Judaeos salvari cupiebat, nova ipse contradictionis dispensatione corrigeret, et resisteret ei in faciem⁴).« Was hier Petrus und Paulus Abweichendes thaten, sei nicht als »mendacium officiosum«, sondern als eine »honesta dispensatio« zu betrachten⁵).

Das letzte Glied in der Reihe derjenigen Männer, deren Ansichten über die οἰκονομία, dispensatio im Sinne der Gestattung einer Ausnahme wir hier prüfen wollen, bildet der *hl. Augustinus*. Gott hat die Gesetze für die Menschen erlassen, sagt er, nicht aber für sich. Er ist also nicht an dieselben gebunden und kann, wo es ihm gut scheint, Ausnahmen zulassen. So hat er, als er Abraham den Befehl gab, seinen Sohn zu opfern, vom Verbote des Mordes dispensiert u. s. w.⁶). Augustinus nennt dies »exceptiones«, Ausnahmen von der Regel, welche auf dem Wege einer Dispensation zu stande kommen⁷). Als solche Ausnahme gilt ihm auch die Gestattung

---

1) Acta 16, 3. — 2) Com. in ep. ad Galat. 1, 2. Migne, 26, 364.

3) Was Paulus in Acta 21, 16 that, war Verstellung aus Furchtsamkeit, sagt *Stäudlin* in seiner Geschichte der Sittenlehre Jesu, Gött. 1799, I. 730 ff. Eine derartige Behauptung widerlegt bereits der hl. Hieronymus in seinem an Augustinus über diese Frage gerichteten Brief: »Didicimus, quod propter metum Judaeorum et Petrus et Paulus aequaliter finxerunt, se legis praecepta servare. Qua igitur fronte, qua audacia Paulus in altero reprehendit, quod ipse commisit? Ego, imo *alii ante me* exposuerunt causam, quam putaverint, non officiosum mendacium defendentes, sicut tu scribis, sed ostendentes honestam dispensationem, ut et Apostolorum prudentiam demonstrarent et blasphemantis Porphyrii imprudentiam coercerent, qui Paulum et Petrum puerili dicit inter se pugnasse certamine, imo exarsisse Paulum in invidiam virtutum Petri et ea scripsisse iactanter, quae vel non fecerit, vel si fecerit, procaciter fecerit id in alio reprehendens, quod ipse commiserit. Interpretati sunt illi, ut potuerunt.« Ep. 112, Migne, 22, 923.

4) Comm. in ep. ad Galat. 1, 2, Migne, 26, 363. — 5) vgl. das Zitat in Anm. 3. — 6) Quaestiones in Heptateuch. l. 7. qu. 36, Migne, 3, 803. — 7) De civitate Dei, l. 1. c. 21, Migne, 41, 35.

der Polygamie im Alten Testament[1]). Was Paulus dem Petrus gegenüber that, war eine »*dispensatoria* simulatio« [2]), während hingegen letzterer wegen allzugrosser Akkommodation an die jüdischen Gebräuche sich eine »*perniciosa* simulatio« zu schulden kommen liess [3]). Auf Grund einer Dispensation gestattete Paulus die Beschneidung seines Schülers. Ebenso machte der Heiland von der Dispensation Anwendung, als er entgegen dem Verbot den Aussätzigen im Tempel opfern hiess [4]). Als die Juden die Jünger des Herrn der Sabbatschändung anklagten, weil sie Aehren gepflückt hatten, führte ihnen Christus das Beispiel Davids vor, der die hl. Brote gegessen hatte, obschon dies strengstens untersagt war [5]). Hiezu bemerkt Augustinus: Christus wollte hiermit nachweisen, dass im Alten Testament manchmal etwas gestattet wurde, was sonst nicht erlaubt war. Hätten doch die Macchabäer an einem Sabbat ihre Feinde besiegt [6])! Aus bestimmten Gründen und zur Erreichung bestimmter Zwecke werde in gewissen Fällen gegen das Gesetz gehandelt, ohne dass man sich einer Verletzung desselben schuldig mache.

Bevor wir dieses Kapitel zum Abschluss bringen, wollen wir noch auf zwei Anwendungsformen von οἰκονομία hinweisen, welche das Gesagte näher zu erläutern sehr geeignet sind. Die Kirchenväter bezeichnen nämlich die schonende Zurückhaltung bei der Aufklärung anderer, wonach den Zuhörern nicht die volle und ganze Wahrheit mitgeteilt wird, sondern nur so viel, als sie vermöge ihrer schwachen menschlichen Kräfte fassen und ertragen können [7]). Eine Dispensation liegt hier insofern vor, als die Wahrheit nicht ihrem ganzen Inhalte nach eröffnet wird, indem die Rücksicht auf die Zuhörenden eine ihrer endlichen, beschränkten Natur entsprechende Mitteilungsform erheischt [8]). Als Dispensationen finden sich ferner bezeichnet »dispensationes περὶ τὰς λέξεις, circa varium et liberum dogmata et res fidei exprimendi modum« [9]). Es sind dies aber keine Dispensationen von Glaubenssätzen, sondern es handelt sich hier um

---

1) De bono coniugali, c. 17, Migne, 40, 586. — 2) Ep. 28. c. 3, Migne, 33, 112; vgl. p. 287 und de mendacio, c. 4, Migne, 35, 489. — 3) Ep. 40. l. c. p. 155; ep. 82, p. 278. — 4) Quaestiones ex nov. test., qu. 60, Migne, 35, 2256 sq. — 5) Matth. 12, 1 sq. — 6) 1. Macchab. 2, 38, 41; August. l. c. p. 2257. — 7) *Maximus* ad Pyrrhum presbyterum, in Graecia orthodoxa, ed. *Allatius*, Rom. 1652, I. 86; *Gregor.* Pap. I., l. 20. Moral. c. 29, l. c. 2. 278; Marca, De concordantia sacerdotii et imperii, Venet. 1770, l. 3. c. 13. n. 11. — 8) Vgl. *Algerus von Lüttich*, Liber de misericordia et iustitia, c. 24, Migne, 180, 866. — 9) Hierüber des näheren an späterer Stelle. Das Zitat rührt her von *Florens*, l. c. p. 382.

die Duldung gewisser, von der gewöhnlichen *Benennung* eines Dogmas abweichender Bezeichnungen [1]).

Fassen wir die bisherigen Ausführungen zusammen, so ergibt sich als Resultat Folgendes: Das Wort οἰκονομία, dispensatio wurde von den Philosophen wie von den Kirchenvätern angewendet, um bei den ersteren die Notlüge, bei den letzteren sowohl diese als auch andere Abweichungen von dem gewöhnlichen Wege, von der allgemeinen Regel des Handelns zu motivieren. Der Sinn des Wortes ist somit: Gestattung der Vornahme einer unerlaubten oder der Unterlassung einer gebotenen Handlung aus besonderen Rücksichten. Dies finden wir vollauf bestätigt durch Anastasius Sinaita aus dem VII. Jahrhundert, der in seinem Ὁδηγος [2]) unter der Rubrik »περὶ οἰκονομικῶν« eine Definition von οἰκονομία gibt, die unsern Ausführungen ganz entspricht. »Λέγομεν πάλιν οἰκονομικῶς, καὶ ὅτε γένεται πρᾶγμα οὐ πάντως ὀφεῖλον γενέσθαι, γίνεται δὲ διὰ συγκατάβασιν καὶ σκοπὸν σωτηρίας τινῶν [3]).« Eine οἰκονομία liegt demnach dann vor, wenn etwas, was an sich nicht geschehen sollte, trotzdem zugelassen wird, indem derjenige, der eben dies gestattet, mit Rücksicht auf das Heil des andern und auf dessen Schwäche sich herablässt, das Unerlaubte geschehen zu lassen. So habe z. B. Paulus eine οἰκονομία erteilt, als er die Beschneidung seines Schülers gestattete. Auch an Christus sei diese Handlung nur auf Grund einer οἰκονομία vorgenommen worden, damit er nicht den Anschein erweckte, als sei er gekommen, das Gesetz aufzuheben.

Die Lateiner übersetzten οἰκονομία mit dispensatio und verbanden damit ganz denselben Sinn, den wir soeben eruiert haben. In den Uebertragungen der patristischen Schriften in die deutsche Sprache finden sich οἰκονομία und dispensatio wiedergegeben mit »klugberechnete Massregel, Handlungsweise« [4]). Diese Begriffe sind

---

1) Diese Andeutungen genügen für unsern Zweck; vgl. des nähern bei Allatius, l. c. 1. 86 sqq. die Rede des Patriarchen Veccus von Konstantinopel über diese Frage; *Marca*, l. c. l. 3. c. 13. n. 11 sqq. — 2) Migne, 89, 86.

3) Betreffs Christus, sagt er, könne man in dreifacher Beziehung von einer οἰκονομία reden. Einmal wird dieselbe angewendet in Bezug auf seine Menschwerdung; dann in dem im Texte besprochenen Sinn; drittens: als er hungernd zu dem Feigenbaum kam und über denselben dauernde Unfruchtbarkeit aussprach, (Matth. 21, 19), als er trockenen Fusses durch das Meer wandelte (Marc. 6, 47 ff.). Die zitierte Stelle des Sinaiten ist erwähnt im Thesaurus des Stephanus, unter οἰκονομία, ohne Angabe des Verfassers. Der Definition von οἰκονομία, wie sie Anastasius gibt, schliesst sich an Zonaras in seinem Lexikon, unter οἰκονομικόν πρᾶγμα, l. c. 1. 1435.

4) Z. B. Bibliothek der Kirchenväter, Kempten 1882, 7. 66 ff.

offenbar zu weit; gerade das wesentliche Moment, wonach es sich um eine Abweichung vom Gewöhnlichen handelt, ist darin nicht zum Ausdruck gebracht.

Sehen wir so die Dispensation als Gestattung einer Ausnahme in der Literatur durchgängig vertreten, so lag anderseits die Uebertragung derselben auf *rechtliche* Vorschriften sehr nahe. Inwieweit dies geschehen, wird im Folgenden des näheren untersucht werden.

II. Kapitel.

Die Dispensationen auf rechtlichem Gebiete.

§. 2. Die Dispensation im attischen, jüdischen und römischen Recht.

Bevor wir auf die kanonische Dispensation näher eingehen, glauben wir an dieser Stelle einen Halt machen zu müssen, um uns darüber klar zu werden, ob und in welchem Umfange die Rechte der Israeliten, Griechen und Römer eine Dispensation gekannt haben. Auf diese Weise gewinnen wir einen Einblick in das Dispenswesen derjenigen Völker, in deren Mitte das Christentum zuerst eingepflanzt und verbreitet wurde.

Das *attische* Recht gestattete, soweit dies aus den überlieferten Nachrichten ersichtlich, unter keinen Umständen eine Ausnahme von dem allgemeinen Gesetz, da alle Bürger vor demselben gleichgestellt sein sollten[1]). Auch den *Israeliten* war die Dispensation unbekannt, denn laut göttlicher Anordnung war es ihnen strengstens verboten, etwas zu dem Gesetze hinzuzufügen oder von demselben wegzuthun[2]). Wie die attische Gesetzgebung die Gleichheit aller Bürger vor dem Gesetz bezweckte, so sollte auch das Zwölftafelgesetz bei den *Römern* eine vollkommene Gleichheit herstellen[3]). Es sprach den Grundsatz aus: privilegia ne irroganto[4]). Ueber die Deutung desselben ist man sich nicht einig. Dirksen erwähnt[5]) fünf verschiedene Erklärungsversuche. Wir entscheiden uns für den vierten, dessen Hauptvertreter Cujacius ist[6]). Nach dessen Meinung sollen die Worte der zwölf Tafeln nur den dauernden Befreiungen der Individuen von der allgemeinen Regel der Gesetze, nicht aber den blos vorübergehenden Begünstigungen derselben, also namentlich nicht der gesammten

---

1) Νόμος· μηδὲ νόμον ἐξεῖναι ἐπ' ἀνδρὶ θεῖναι, ἐὰν μὴ τὸν αὐτὸν ἐπὶ πᾶσιν Ἀθηναίοις.« *Demosthenes* contra Timocrat. §. 59, ed. Blass, 2. 236; vergl. *Mayer*, Die Rechte der Israeliten, Leipzig 1866, 1. 37. Anm. 17.

2) 5. Moses, 4, 2; vgl. *Mayer*, a. a. O. S. 43; 2. 315.

3) *Tacitus*, Annal. III. 27 nennt es »finis aequi iuris.«

4) Vgl. *Dirksen*, Zivilistische Abhandlungen, Berlin 1820, S. 246 ff.

5) A. a. O. — 6) Observat. l. 15. c. 8.

Klasse der Dispensationen entgegen sein. Diese Deutung wird zunächst der Thatsache gerecht, dass die Römer das Dispenswesen in ausgedehntem Masse kannten, und giebt ferner auch ein Mittel an die Hand, den Widerspruch zu lösen zwischen denjenigen Stellen, welche eine Ausnahme streng verbieten, und solchen, welche dieselbe gestatten. Noch Ulpian stellt die Regel auf, dass ein Gesetz nicht für Einzelne, sondern für die Allgemeinheit gegeben werden solle [1], und dennoch räumt derselbe Jurist dem Kaiser die Befugnis ein, für einzelne Personen, Fälle oder Sachen Ausnahmen von dem Recht zu gestatten [2].

So lange das Dispensationsrecht in den Händen des Volkes lag, lässt sich wohl annehmen, dass es sich mehr auf den strengen Standpunkt gestellt und von seiner Befugnis nur in den dringendsten Fällen Gebrauch gemacht habe. Nachdem aber der Senat die Dispensationsgewalt an sich gebracht, da ging der Missbrauch derselben mit der Zeit so weit, dass i. J. 64 v. Ch. der Volkstribun Kornelius den Antrag stellte, Gesetzesbefreiungen sollen von nun ab nur in den Versammlungen des Volkes gewährt werden: »ne quis nisi per populum legibus solveretur« [3]. Hier begegnet uns für die Dispensation der Ausdruck »legibus solvere«. Wir finden denselben auch bei Cicero, wenn er von dem Naturrecht sagt: »nec vero aut per senatum aut per populum solvi hac lege possumus« [4]. Im justinianischen Gesetzbuch finden sich derartige solutiones legibus in Menge verzeichnet. Es gehören hierher mehrere Begünstigungen auf dem Gebiete des Strafrechts [5], die Entbindung einer Witwe von der Beobachtung des Trauerjahres [6], die Bewilligung der Testamentser-

---

1) l. 8. D. de leg. 1, 3: iura non in singulas personas sed generaliter constituuntur; vgl. *Glück*, Ausführliche Erläuterung der Pandekten, Erlangen 1797, Bd. 1. §. 98, S. 548 ff.
2) L. 1. §. 2. D. de constit. 1, 4: nam quae princeps alicui ob merita indulsit, vel si quam poenam irrogavit, vel si cui sine exemplo subvenit, personam non egreditur. — *Dirksen*, a. a. O. S. 250, Anm. 22; *Puchta*, Geschichte des Rechts bei dem römischen Volk, Leipzig 1881, S. 171; vgl. *Mommsen*, Römisches Staatsrecht, Leipzig 1876 ff., Bd. 3, Abt. 1. S. 337; vgl. Bd. 3. Abt. 2. S. 1228. — 4) De republica, 3, 33, Op. ed. Nobbe, Lips. et London. 1869, p. 1139; vgl. *Cicero*, Oratio pro Rabirio Postumo, c. 5, l. c. p. 570: »Reus Postumus est ea lege, qua non modo ipse sed totus etiam ordo solutus ac liber est.« Vgl. Auct. Herenn. 3, 2, l. c. p. 16: »Se deliberet senatus, solvatne legibus Scipionem, ut eum liceat ante tempus consulem fieri.« — 5) l. 5. D. de poenis, 48, 19 (*temperamentum*); l. 9. §. 11, l. c. (*liberatio*); l. 27. l. c. *minutio poenae, in integrum restitutio*); l. 2. D. de sent. pass. et restit. 48, 23 (*indulgentia*). — 6) l. 10. D. de his qui nat. inf. 3, 2 (*solet a principe impetrari*).

richtung durch eine gesetzlich dazu unfähige Person[1]), die Gestattung der Adoption seitens einer Frau[2]), die venia aetatis, sog. Jahrgebung bei mangelnder Volljährigkeit[3]). Auf dem Gebiete des Eherechts gibt es ausserdem eine ganze Reihe von diesbezüglichen Erlassen und Beispielen. Die lex Julia de maritandis ordinibus behält dem Kaiser ausdrücklich das Recht vor, in denjenigen Fällen Dispensation zu erteilen, in denen eine solche ihm angebracht erscheint[4]). Justinian stellt den bekehrten Schauspielern für den Fall ihrer Verheiratung Dispensation vom Eheverbot der lex Julia in Aussicht, sobald sie darum nachsuchen würden[5]). Von dem Verbot der Ehe zwischen Vormund und Mündel haben die Kaiser oft dispensiert[6]). Ueberhaupt wurden, wie sich aus C. de incestis et inutilibus nuptiis 5, 5 zur Genüge ergibt, während der Kaiserzeit Ehedispensen in massloser Weise gewährt[7]). Zur Zeit der Kaiser Zeno und Basilius waren die Gesuche um Befreiung von dem Hindernis der Ehe mit des Bruders Sohn oder Tochter so häufig, dass ein ausdrückliches Verbot dagegen erlassen werden musste, die Gestattung solcher Ehen fernerhin nachzusuchen[8]). Dem Verbot der Geschwisterkinderehe fügte Honorius ausdrücklich bei, dass Dispensationen von demselben erhalten werden können[9]). Schliesslich verdienen noch erwähnt zu werden die Befreiungen von den erbrechtlichen Beschränkungen, welche ein Gesetz des Augustus den Ehe- und Kinderlosen auferlegte[10]).

Betreffs der überlieferten Beispiele von Dispensationen glaube ich auf die Zusammenstellung bei Dirksen verweisen zu dürfen. Das Gesagte genügt, um zu beweisen, dass im römischen Recht die Dispensation als ein allgemein zulässiges und übliches Befreiungsmittel von den strengen Forderungen des Gesetzes angesehen wurde. Die Bezeichnung dispensatio aber mit dem technischen Sinn, den wir heute

---

1) l. 7. C. Qui test. fac. pos. 6, 22; l. 43. pr. D. De vulg. et pupilli substit. 28, 6 (*beneficium*); l. 7. D. Qui test. facere possunt. 28, 1 (*licentia*).
2) §. 10. J. De adopt. 1, 11 (*indulgentia*). — 3) l. 3. C. Si minus se maior. dix. 2, 43 (*beneficium in integrum restitutionis*). — 4) l. 31. D. De rit. nupt. 23, 2 (*indulgentia*). — 5) l. 23. C. De nuptiis, 5, 4 (*licentia, beneficium*). — 6) l. 7. C. De interdict. matr. 5, 7 (*beneficium*). — 7) l. 2. C. Si nupt. ex rescripto petantur, 5, 8 (*indulgentia*); vgl. *Dirksen*, a. a. O. S. 250 ff. — 8) L. 2. C. Si nupt. ex rescript. pet. 5, 8 (*licentia*). — 9) L. un. C. Theod., Si nupt. ex rescript. pet. 3, 10; vgl. *Zimmern*, Geschichte des römischen Privatrechts bis auf Justinian, I. Abtheilung 1, Heidelberg, 1826, S. 353; *Moy*, Das Eherecht der Christen in der morgenländischen Kirche bis zur Zeit Karls des Grossen, Regensburg, 1833, S. 207. — 10) *Mommsen*, a. a. O. B. 3. Abt. 2. S. 1235.

mit diesem Wort verbinden, ist den Römern unbekannt¹). Dies gilt aber nicht von der *Sache selbst*, von dem *Begriff* der Dispensation ²). Die gebräuchlichen Benennungen sind: venia, liberatio, indulgentia. beneficium, in integrum restitutio. Am häufigsten finden sich beneficium und indulgentia.

Die Dispensation auf dem Gebiete des Kirchenrechts.
§. 3. Die Dispensation bei den Kirchenvätern.

In der kanonischen Literatur findet sich vielfach die Ansicht ausgesprochen, dass wegen des grossen Eifers der Christen und der geringen Anzahl der Gesetze während der drei ersten Jahrhunderte Ausnahmen von den rechtlichen Vorschriften überhaupt nicht vorgekommen seien. Die ideale Auffassung von der Kirche und ihren Anordnungen habe gleich von vornherein jedes Verlangen nach einer Befreiung von denselben unterdrückt. Dies geben wir auch zu. Daraus folgt nun aber noch lange nicht, dass Dispensationen überhaupt nicht vorgekommen seien. Ueber dem Nichtverlangen-*Wollen* stand das Verlangen-*Müssen*, die Nothwendigkeit, die, wie es ebenfalls heute noch geschieht, ganz besonders aber in den ersten Jahrhunderten dazu zwang, in gewissem Umfang Abweichungen von den gesetzlichen Vorschriften zu dulden. Durch einen noch so glühenden Eifer *allein* konnten die misslichen Zustände der damaligen Kirche nicht gehoben werden. Das starre Recht musste nachgeben und sich Ausnahmen gefallen lassen. Man denke nur an das Bild, das uns *Basilius* über die schreckliche Lage der Kirche von damals entwirft: Die Beobachtung der Kanones war verschwunden, jeder that was er wollte ³). Der Kirchenvater spricht hier nur von dem Verderben, das die Häresie über die Kirche gebracht hat. Wenn nun schon die Häresie die kirchlichen Zustände so sehr verwirren konnte, um wie viel trauriger muss dann die Lage der Kirche gewesen sein zu der Zeit, wo sie ausserdem noch unter dem schweren Joch der Verfolgungen zu leiden

---

1) *Baldus* sagt in seinen Anmerkungen zu Durantis Speculum iuris: »hoc verbo (sc. dispensatione) textus legum raro utuntur.« Dafür sei indulgentia gebräuchlich. l. 1. p. 1. fol. 39. Die Entbindung vom Eid bezeichnet *Sueton* als gratia. Suetonii quae supersunt omnia, ed. *Roth*, Lips. 1886, c. 35. p. 101: »E(quiti) R(omano) iuris iurandi gratiam fecit (sc. Tiberius), uxorem in stupro generi compertam dimitteret, quam se nunquam repudiaturum ante iuraverat.«

2) Die zitierte Arbeit Dirksens ist die einzige Monographie, welche die römisch-rechtliche Litteratur in dieser Beziehung aufzuweisen hat. Erwähnung verdient noch eine Dissertation aus d. J. 1835, Mello Baker, de dispensatione sive venia legis, welche mir trotz aller Bemühungen unzugänglich blieb. Uebrigens wird in der Literatur auf dieselbe in keiner Weise Rücksicht genommen.

3) Ep. 92, Migne, 32, 480.

hatte? Lässt sich annehmen, dass eine Heilung solcher Uebelstände
vermittelst Anwendung des strengen Rechts hätte stattfinden können?
Wie richtig diese unsere Auffassung ist, beweist klar und
deutlich ein Dokument aus der diokletianischen Verfolgung (305—6.)
Während derselben hatte Meletius in fremden Diözesen Weihen vorgenommen. Dies war, wie mehrere Bischöfe Aegyptens an ihn schreiben[1]), gegen alle Regel (aliena a more divino et regula ecclesiastica), und Meletius wisse ja selbst, dass es »lex est patrum et
propatrum . . . in alienis paroeciis non licere alicui episcoporum
ordinationes celebrare.« Wenn auch Meletius nun in diesem Briefe
getadelt wird, so geschieht dies nur deshalb, weil die ägyptischen
Bischöfe Hesychius, Pachomius, Theodorus und Phileas von der Ansicht ausgiengen, dass die Voraussetzungen nicht vorgelegen haben,
unter denen überhaupt eine Abweichung von der Regel gerechtfertigt
sei. In ihrem Schreiben lassen sie nämlich Meletius den Einwand
machen: »Egentibus gregibus ac desolatis pastore non subsistente, ne
multorum incredulitate multi subtrahantur, ad hoc perveni.« Gerade
diese Voraussetzung soll aber, wie sie behaupten, nicht vorgelegen
haben, denn sie replizieren: »Certissimum est, illos non egere: primum, quia multi sunt, circumeuntes et petentes visitare (sc. pastores);
deinde et si quid ab ipsis neglegentius agebatur, opportuerat ex populo properare ac nos exigere merito.« Damit wollen sie sagen, dass
genug Priester vorhanden waren, dass also keine Not vorlag. Hätte
diese Voraussetzung aber zugetroffen, dann wäre, wie die Bischöfe ja
selbst zugeben, die Handlungsweise des Meletius nicht zu tadeln. Mit
andern Worten: Hier ist das Prinzip ausgesprochen, dass die strengen
Rechtsregeln nicht rücksichtslos angewendet werden sollen, dass vielmehr die Notlage manchmal ein Abgehen von demselben rechtfertige.

Wir glauben nicht, dass sich in jedem einzelnen Fall für die
Bischofsstühle Kandidaten finden und aufstellen liessen, welche allen
den Erfordernissen genügen konnten, welche bekanntlich der hl. Paulus
an einen solchen stellt. Wird man z. B. einen Neophyten oder Bigamen, den seine soziale Stellung, sein Wissen, sein Charakter ohnehin schon genug empfahlen, von der Weihe zurückgewiesen haben?
Die Antwort auf diese Frage kann nur ein entschiedenes Nein sein.
Das Konzil von Nizäa legt im zweiten Kanon ein bestimmtes Zeugnis dafür ab, dass bereits vor dem Jahre 325 viele Abweichungen
von den kirchlichen Gesetzen vorgekommen seien: »πολλὰ ἤτοι ὑπὸ
ἀνάγκης ἢ ἄλλως ἐπειγομένων τῶν ἀνθρώπων ἐγένετο παρὰ τὸν κανόνα

---

1) *Ruth*, Reliquiae sacrae, Oxon. 1846, IV. 91 sqq.

ἐκκλησιαστικόν« ¹). Dies gilt, wie die Konzilsväter selbst hervorheben, namentlich von der Ordination Irregulärer.

Obschon das Nizänum ausdrücklich verbot, die Weihe demjenigen zu erteilen, der erst kurze Zeit getauft war, so kamen doch immer noch Fälle vor, wo man aus dringenden Gründen sich über dieses Hindernis hinwegsetzte, wie z. B. bei dem hl. Ambrosius, und man konnte derartige Ausnahmen ganz gut durch die Berufung auf den apostolischen Kanon 80 (79) rechtfertigen, welcher am Schlusse sagt: es schickt sich nicht, dass Jemand, der sich selbst nicht bewährt hat, der Lehrer anderer werde, wenn es nicht etwa durch besondere göttliche Gnade geschieht²). Löning³) bezeichnet diese Berufung auf eine göttliche Einwirkung ganz richtig als eine Hinterthür, von der bei geeigneter Gelegenheit jedenfalls auch Gebrauch gemacht wurde. Wir sind weit davon entfernt, die Erhebung *aller* Neophyten auf Dispensationen zurückzuführen. Papst Zosimus beklagt sich sehr, dass in Gallien und Spanien wie auch in Afrika es fast zur Gewohnheit geworden sei, Laien unmittelbar zu Bischöfen zu weihen⁴). Hier haben wir es offenbar mit einer Gewohnheit, mit einer Regel, nicht mit vereinzelten Ausnahmen zu thun. Den Ausdruck »praesumptio« will Zosimus jedenfalls nicht auf diejenigen Fälle angewendet wissen, in denen Neophyten unter Rücksicht auf die obwaltenden Umstände zur Bekleidung des bischöflichen Amtes für besonders geeignet erachtet wurden. Die Bischöfe standen ja damals im Besitze eines uneingeschränkten Dispensationsrechts⁵), und dass sie von demselben ausgiebigen Gebrauch machten, finden wir in den Quellen vielfach bestätigt. So gibt z. B. der Bischof Rufus im J. 414 dem Papst Innocenz I. zu, verbotene Weihen bereits des öftern vorgenommen zu haben. Es ist dies ein Beweis dafür, dass die Dispensationen damals doch nicht so selten waren, wie man bis jetzt anzunehmen pflegte⁶).

---

1) *Hefele*, Konziliengeschichte, Freiburg, 1873, 1. 378.

2) *Hefele*, a. a. O. S. 378: »εἰ μήπου κατὰ θείαν χάριν τοῦτο γίνεται.«

3) Geschichte des deutschen Kirchenrechts, Strassburg 1878, 1. 127, Anm. 1.

4) Am 21. Febr. 418, im Schreiben an Bischof Hesychios von Salona, c. 1. *Coustant*, Epistolae Roman. Pontif. Paris. 1721, 1. 968.

5) Den Nachweis hiefür werden wir in einer besondern Arbeit liefern, welche die geschichtliche Entwickelung des Dispensationsrechts bis auf unsere Zeiten enthalten wird.

6) Der Papst schreibt an den Bischof: »Eos qui viduas accepisse suggeruntur uxores, non solum clericos effectos agnovi, verum etiam usque ad infulas summi sacerdotii pervenisse, quod contra legis esse praecepta nullus ignorat. Nam cum Moyses legislator clamitet: »sacerdos uxorem virginem accipiat,« ac ne in hoc praecepto aliquid putaretur ambiguum, addidit: »non viduam neque eiectam.« Contra quod praeceptum divina auctoritate submissum

Einen Grund dafür, dass die Kirche in den ersten Zeiten an der ausnahmslosen Anwendung ihrer Rechtssätze festgehalten habe, sieht Freisen[1]) darin, dass dieselbe unter dem Einfluss des jüdischen Rechts gestanden habe, welchem bekanntlich der Begriff der Dispensation fremd war. Allein wie liesse sich dann rechtfertigen, dass die Apostel die Befolgung alttestamentlicher Vorschriften bald ausdrücklich verboten, bald wieder davon dispensierten? Wie der hl. Paulus durch die Notwendigkeit gezwungen war, von dem strengen Recht abzugehen, ebenso waren es offenbar auch die Nachfolger der Apostel. Die Herrschaft des jüdischen Gesetzes, das in ganz anderer Form dem Christenthum vermittelt wurde, war keine so strenge mehr, als dass sie nicht durch das Gesetz des Neuen Bundes, durch das Gesetz der Liebe hätte gebrochen werden können. Nehmen wir also irgend einen Einfluss des jüdischen Rechts an, so müssen wir ihn darauf beschränken, dass derselbe die Entwickelung der Dispensation hemmte, ihre Ausbildung verlangsamte.

Die Kirchenväter sind insgesammt der Ansicht, dass von jeher in der Kirche Dispensationen üblich waren. Schon *Tertullian* weist darauf hin, dass die Apostel »pro temporibus et personis et causis quaedam reprehendebant, in quae et ipsi aeque pro temporibus et personis et causis committebant«[2]). Als die Einwohner von Koloniä über die Versetzung ihres Bischofs Euphronius auf den Metropolitanstuhl von Nikopolis trostlos waren, schrieb der *hl. Basilius* an sie einen Brief, worin er sagt. »Οἰκονομία καλὴ περὶ τὸν ... Εὐφρόνιον .... γεγένηται, ἀναγκαία τῷ καιρῷ, λυσιτελὴς καὶ τῇ ἐκκλησίᾳ, πρὸς ἣν μετετέθη, καὶ ὑμῖν, ἀφ᾽ ὧν ἐλήφθη[3]).« Trotzdem der 16. Kanon des Nizänischen Konzils die Translation der Bischöfe ausdrücklich verboten hatte, machte man für Euphronius aus Gründen der Notwendigkeit und Nützlichkeit eine Ausnahme von der Regel. Derselbe Kirchenvater befürwortet ferner selbst die Weihe eines Neophyten zum Bischof[4]). Die Not, sagte er, verlange eine Dispensation, und doch hatten kirchliche Gesetze, zuletzt eine Verordnung des Papstes Sirizius, eine solche Ordination ausdrücklich verboten[5]). Die in Antiochien durch die Eusebianer hervorgerufenen Unruhen, welche die Entstehung dreier Parteien zur Folge hatten,

---

nulla defensio mandati alterius opponitur, nisi *consuetudo vestra*, quae ut ipsi fatemini, ex ignorantia ut verecundius dicam, non ex apostolica traditione et integra ratione constituta est.« *Constant*, l. c. I. 831. n. 1.

1) Geschichte des kanonischen Eherechts bis zum Verfall der Glossenlitteratur, Tüb. 1888, S. 905. — 2) Liber de praescript. c. 24, Migne, 2, 42. — 3) Ep. 227, Migne, 32, 852; *Thomassin*, Vetus et nova ecclesiae disciplina, Paris. 1683, p. 2. 1. 3. c. 1. n. 14 sqq. — 4) Ep. 227, l. c. p. 794. — 5) Ep. 6. n. 5, *Constant*, l. c. 1. 662.

glaubt Basilius am besten dadurch zu dämpfen, dass man den vertriebenen Meletius zurückrufe, und allen übrigen Anhängern Dispensation erteile, kraft welcher denselben der Verbleib in ihren Weihegraden gestattet sein sollte [1]). Mit der meletianischen Sache beschäftigte sich auch das Nizänum. Die Synode liess Milde vor Recht ergehen, obschon Meletius einer Nachsicht eigentlich nicht würdig war. Es wurde beschlossen, er habe in seiner Stadt zu bleiben, habe aber keine Macht, Weihen zu erteilen oder Kleriker zu erwählen, (μήτε χειροθετεῖν μήτε προχειρίζεσθαι), weder in der Stadt noch sonstwo. Nur der Titel eines Bischofs bleibe ihm, die von ihm bereits geweihten Kleriker sollen aber revalidiert und dann wieder zur Kirchengemeinschaft zugelassen werden [2]).

Dass die Notwendigkeit die Gestattung von Ausnahmen von den kirchlichen Vorschriften verlange und rechtfertige, ist auch die Ansicht von *Chrysostomus*. Dieser sagt, die Apostel hätten es selbst mit den von Paulus an einen Bischofskandidaten gestellten Forderungen nicht so streng nehmen können, da es unter den damaligen Verhältnissen ohne Zweifel keine leichte Sache war, Männer zu finden, die mit all' den verlangten Eigenschaften ausgestattet waren. Und doch habe man deren viele gebraucht [3])! Die Not drängte eben dazu, bei Kandidaten, die sonst tauglich und erprobt waren, von der einen oder andern der betreffenden Anforderungen Abstand zu nehmen.

Hieronymus spricht sich ebenfalls dafür aus, dass von den gesetzlichen Vorschriften eine Ausnahme zulässig sei, und beruft sich auf das Beispiel des hl. Paulus, welcher auf Grund einer Dispensation die Beschneidung seines Schülers gestattete [4]).

Der erste Schriftsteller, dem wir geradezu eine Theorie über das Dispenswesen verdanken, ist *Cyrill von Alexandrien*. »Αἱ οἰκονομίαι τῶν πραγμάτων ἔσθ' ὅτε παραβιάζονται βραχὺ τοῦ δέοντος ἔξω φέρεσθαί τινας · ἵνα τι μεῖζον κερδάνωσιν. Ὥσπερ γὰρ οἱ τὴν θάλασσαν ναυτιλλόμενοι χειμῶνος ἐπικειμένου καὶ κινδονευούσης τῆς νεώς ἀλύοντες ἀποφορτίζονταί τινα ὑπὲρ τοῦ σῶσαι τὰ λοιπά · οὕτως καὶ ἡμεῖς ἐν τοῖς πράγμασιν, ὅταν μὴ ἐξῇ τὸ λίαν ἀκριβὲς ἀποσώζειν, παρορῶμέν τινα, ἵνα μὴ τοῦ παντὸς πάθωμεν ζημίαν [5]). Hiernach besteht die Dispensation darin, dass man zur Vermeidung eines grösseren Nachteils die Forderungen des strengen Rechts mildert und ein Abweichen von den Gesetzen der Kirche zulässt. Wie die Schiffer zur Rettung ihres Fahrzeuges aus Sturmesgefahr einen Teil

---

1) Ep. 67. l. c. p. 426 sq. — 2) *Socrates*, Hist. eccl. I. 9; *Theodoret*, Kist. eccl. l. 9; vgl. *Hefele*, a. a. O. 1. 853. — 3) Hom. 9. in ep. ad Timoth· n. 1 sq. Migne, 62, 649. — 4) Com. in ep. ad Galat. 2, 5, Migne, 26, 359. — 5) Ep. 56, Migne, 77, 319 = c. 16. C. 1. qu. 7.

ihrer Ladung über Bord werfen, ebenso müsse man da, wo die Durchführung des strengen Rechts Nachtheile bringen würde, sich dazu herablassen, Manches zu übersehen, zu dulden. Das Recht sei überhaupt nicht um seiner selbst willen da, es müsse je nach den Umständen verändert und gemildert werden. Als es sich um die Rückkehr der Messalianer und Eutychianer handelte, schrieb derselbe Kirchenvater an den Diakon Maximus von Antiochien: Denjenigen gegenüber, die in den Schoss der Kirche zurückkehren wollen, dürfe man das strenge Recht nicht anwenden. Der kirchliche Obere müsse überhaupt oft von einer strikten Anwendung der Gesetze Abstand nehmen, sobald er einsehe, dass eine derartige Nachsicht zum Nutzen der Kirche gereiche. Selbst wider Willen sehe er sich manchmal gezwungen, Dispensation eintreten zu lassen [1]). Was nützt es denn, an dem strengen Recht festzuhalten, wenn dadurch der Frieden der Kirche gestört und Viele von ihr ausgestossen werden? schreibt Cyrill an Attikus von Konstantinopel [2]). Den Messalianern, welche ihrem Irrtum entsagen, gewährt der Kirchenvater Dispens unter Hinweis darauf, dass er sich wohl bewusst sei, gegen die rechtlichen Vorschriften zu handeln, allein er wisse aber auch, »ὅτι καλὴ ἐν τούτοις οἰκονομία · τὸ γὰρ ἀκριβὲς ὡς ἐπιπὰν θορύβει πολλοὺς καὶ τῶν νουνεχεστάτων,« denn eine rücksichtslose Durchführung des strengen Rechts schrecke selbst viele der Verständigsten ab [3]): summum ius summa iniuria. Die Nützlichkeit, meint genannter Attikus in einem Brief an Cyrill, geht über die Forderung des strengen Rechts. Die Bestimmungen der Väter erleiden nicht im geringsten eine Einbusse, wenn zur Erhaltung des Friedens die Beobachtung des Gesetzes nach seinen Buchstaben geopfert wird [4]). Die Kirchenväter, sagt Cyrill, hätten selbst eine Dispensation gewährt und damit das Prinzip der Dispensation anerkannt, als sie davon Abstand nahmen, den Theodor von Mopsueste namentlich zu exkommunizieren aus Furcht davor, dass sein grosser Anhang infolge einer so strengen Massregel zum Abfall von der Kirche verleitet würde [5]).

Nach der Ansicht Cyrills ist die Wirkung der Dispensation eine so heilsame, dass schon die Apostel nicht umhin konnten, sich derselben zu bedienen. So habe bereits der hl. Paulus Dispensen erteilt [6]). Sehr deutlich spricht sich über diesen Punkt Attikus aus, wenn er an Cyrill schreibt: »Οἶδα μὲν οὖν καὶ τὸν μακάριον Παῦλον ἐν τῷ θεσμοθετεῖν ταῖς ἐκκλησίαις σαφῶς τὰς ὑποθέσεις οἰκονομήσαντα. Οἶδα δὲ καὶ τὸν ἐν

---

1) Ep. 4, Mai, l. c. 2. 107 sq. — 2) Migne, 77, 354. — 3) Ep. 82, Migne, l. c. p. 376. — 4) Ep. 75, l. c. p 350. — 5) Ep. 72, l. c. p. 345. — 6) L. c. p. 354.

ἁγίοις πατέρα τὸν σόν, τὸν ἰσαπόστολον Θεόφιλον,ἐπὶ τῆς Ἑλληνικῆς συγχύσεως τὴν εἰρήνην τῆς παρὰ βραχὺ ἀκριβείας προτετιμηκότα« [1]). Diese ausdrückliche Berufung auf die Praxis der Apostel und deren Nachfolger ist ein deutlicher Beweis dafür, dass in der Kirche von jeher die Dispensation üblich war. Keinem Verständigen habe die Dispensation bis jetzt missfallen, sagt Cyrill, »ὁ τῆς οἰκονομίας τρόπος οὐδενὶ τῶν συνετῶν ἀπήρεσιν, dispensationis modus nulli sapientium displicuit,« [2]) und in einem andern Brief heisst es: »αἱ συγκαταβάσεις οὐκ ἀκερδεῖς,« [3]). Im Brief an Proklus wird die Dispensation hingestellt als »ἄριστόν τι χρῆμα καὶ σοφόν« [4]).

Wir haben also hier eine ziemlich vollständige Theorie der Dispensation vor uns: die Dispensation ist eine Abweichung von den strengen Forderungen des Rechts aus Gründen der Notwendigkeit oder Nützlichkeit. Dies sagt Cyrill klar und deutlich mit den Worten: »Ἔργον δὲ ὄντως οἰκονομίας ἐστί, τὸ δοκεῖν ἔσθ' ὅτε βραχύ τι τοῦ πρέποντος ἐξίστασθαι λόγου μετὰ τοῦ τὴν ἐν τοῖς χρησίμοις παραιτεῖσθαι ζημίαν« [5]).

Gilt nun diese Darstellung der Dispensation, wie sie Cyrill uns gibt, blos für die Wiederaufnahme von Häretikern und von der Erteilung der kirchlichen Gemeinschaft an solche, die von der Kirche aus irgend einem andern Grunde ausgeschlossen worden waren, oder aber, sind wir zu der Annahme berechtigt, dass Cyrill den Bereich der Dispensation auch auf Ausnahmen von *sonstigen* rechtlichen Vorschriften ausdehnt? Meines Erachtens muss die letztere Frage bejaht werden, obschon die herrschende Ansicht das Gegenteil behauptet. Die Erörterungen Cyrills sind zwar stets an die Behandlung konkreter Fälle geknüpft, in denen es sich ausschliesslich um Wiederaufnahme in die Kirche handelt. Allein dies beweist nichts dagegen, dass Cyrill Dispensationen auch auf *andern* Gebieten des kirchlichen Rechts gekannt und zugelassen habe. Wie er ja selbst sagt, finden sich schon zu Zeiten der Apostel und ebenso nachher Beispiele von Ausnahmen *anderer* Art als der besagten, und zwar waren dies vielfach solche, die schon *vor* der Setzung der verbotenen Handlung, also im voraus, nicht erst nachträglich gemacht worden waren. Die Ausführungen Cyrills über die Dispensation sind ganz allgemeiner Art, und es ist verkehrt, dieselbe in ihrer Geltung auf denjenigen Fall zu beschränken, der für den Kirchenvater nichts

---

1) Ep. 75, l. c. p. 350. — 2) Ep. 56, l. c. p. 319 = c. 16. C. 1. qu. 7. — 3) Ep. 2, Mai l. c. p. 106. — 4) Ep. 72, Migne 77, 345. — 5) Migne, l. c. p. 354; vgl. den Brief Cyrills an Domnus mit den Scholien Balsamons bei Beveridge, Συνοδικόν sive Pandectae canonum apostolorum et conciliorum ab ecclesia graeca receptorum. Oxon. 1672, II. part. I. p. 175 sqq.

mehr als die Veranlassung war, sich über das Dispenswesen überhaupt auszusprechen. Wenn er z. B. sagt, dass noch kein Verständiger gegen die Dispensation etwas einzuwenden gehabt hätte, so ist damit der Grundsatz ausgesprochen, dass ein Verständiger ebenfalls nichts dagegen haben kann, wenn *überall da,* wo Not und Nützlichkeit es verlangen, von der Dispensation Anwendung gemacht werde. Es liegt gar kein Grund vor, die Dispensation Cyrills auf solche Fälle zu beschränken, in denen erst nach der That, also nachträglich die Abweichung von der allgemeinen Regel gutgeheissen wird.

Die lateinische Uebersetzung des Cyrillischen Briefes in c. 15. C. 1. qu. 7. schliesst mit den Worten: »Dispensationis enim gratia eget negotium *multum*«, während der Urtext lautet: »οἰκονομίας γὰρ δεῖται τὸ πρᾶγμα πολλῆς« [1]), was, richtig übersetzt, heisst: »res enim *magnae* eget moderationis oder dispensationis [2]).« Diese Stelle ist für uns von grosser Wichtigkeit, insofern als die gebräuchliche Uebersetzung einen direkten Beweis dafür erbringt, dass nach der Auffassung Cyrills die Dispensation auf viele Verhältnisse »multum negotium« Anwendung finde, während der griechische Text nur besagt, dass die in dem behandelten konkreten Fall einzutretende Nachsicht eine grosse sein müsse.

Unter den Lateinern ist der *hl. Augustinus* der erste, welcher eine Theorie über die Dispensation aufstellt. Voraussetzung für die Dispensation ist ihm die Veränderlichkeit der Vorschrift, von welcher entbunden werden soll. Was nicht gegen den Glauben und die gute Sitte ist, sagt er, das kann verschieden gehandhabt werden [3]). Es gibt veränderliche und unveränderliche Gesetze. Was nicht unbedingt zum Heil notwendig ist, gestattet aus Gründen der Notwendigkeit Ausnahmen. Was aber mit dem Seelenheil, mit den Glaubenssätzen innig zusammenhängt, das ist und bleibt immer geboten oder verboten; jede davon abweichende Handlung ist untersagt und kann durch keine noch so grosse Notwendigkeit gerechtfertigt werden. Wir sehen hier zum ersten Mal die Schranken festgesetzt, innerhalb welcher sich das Dispensationswesen zu bewegen hat. Zu den veränderlichen Gesetzen rechnet Augustinus z. B. das Fastengebot, von dessen Beobachtung die Not befreit [4]).

Der Kirche schreibt Augustinus das Recht zu, Ausnahmen von ihren gesetzlichen Vorschriften zu gestatten, denn dieselben seien

---

1) Ep. 57, Migne, 77, 322. — 2) Nach Friedberg haben sämmtliche Handschriften multum; eine hat inultum, was ohne Zweifel auf einen Schreibfehler zurückzuführen ist. — 3) Ep. 54. c. 2. Migne, 33, 200. — 4) Quaestiones ex nov. test., qu. 60, Migne, 35, 2257.

nicht aufzufassen »desperatione indulgentiae«, sondern »rigore disciplinae« [1]). So gerecht ein menschliches Gesetz auch sein möge, es können doch Umstände eintreffen, welche eine Abweichung von demselben als ebenso gerecht erscheinen lassen und die Gewährung einer Ausnahme, indulgentia, rechtfertigen [2]). Vermöge der von Christus erhaltenen Schlüsselgewalt sei die Kirche daher befugt, anstatt das strenge Recht anzuwenden, Gnade und Milde walten zu lassen. Zu einer so scharfen Präzisierung dieses Gedankens wurde Augustinus geführt durch seine Auffassung von der wahren Kirche im Gegensatz zur donatistischen Lehre [3]). Während diese nämlich mit aller Strenge die Ausscheidung unreiner, sündhafter Elemente aus der kirchlichen Gemeinschaft verlangte, beharrte der Kirchenvater mit Entschiedenheit darauf, dass die wahre Kirche nicht die Heiligkeit ihrer Glieder, sondern die Gerechtigkeit Christi zum Grund habe. Für die verschiedenen Glieder seien aber Normen zur Regelung des kirchlichen Lebens unbedingt notwendig; diese dürfe indess nicht rigoristisch in donatistischem Sinne gehandhabt werden. Zwischen Separatismus und Indifferentismus müsse man den goldenen Mittelweg einhalten, weder allzuviel dulden, noch allzu strenge sein. Bei Anwendung der Kirchenzucht sei einerseits stets der Zweck der Strafe d. i. die Besserung des Sünders, anderseits aber auch der Nutzen der Kirche im Auge zu behalten. Mit Rücksicht auf diesen Zweck müsse der Eine so, der Andere wieder anders behandelt werden. Bei dem Einen sei Strenge, bei dem Andern Milde und Nachsicht angebracht. Darum habe die Kirche von Christus die Binde- und Lösegewalt erhalten, kraft welcher sie den zurückkehrenden Häretikern, falls sie es für gut findet, Gnade erweist, sie in ihrem Weihegrad belässt oder sogar in einen höheren aufsteigen lässt. Und warum sollte sie denn keine Nachsicht gewähren? fragt der Kirchenvater. Blieben doch David nach seiner Busse, und Petrus, nachdem er die Verleugnung seines Meisters bitter bereut, in ihren Würden!

Erweist sich die Anwendung eines Gesetzes auf den konkreten Fall mehr als Härte denn als Billigkeit, so betrachtet es Augustinus als die *Pflicht* des kirchlichen Obern, die vorliegenden Umstände genau zu erwägen, und, wo es für die Kirche nützlich erscheint, von der strikten Anwendung der Vorschrift abzusehen. Namentlich habe eine Dispensation da Platz zu greifen, wo nicht die Rettung eines einzelnen Menschen, sondern die eines ganzen Volkes in Frage

---

1) Ep. 185. c. 10, Migne. 38, 812 = c. 25, D. 50. Die Glosse zu desperatione sagt: »id est quod ecclesia dispensare non possit.« — 2) De libero arbitrio. l. 1. c. 16, Migne, 32, 1229. — 3) Contra Parmenionem, l. 2. c. 18, n. 37; l. 3. c. 2. n. 15; l. 2. c. 21. n. 41.

komme. »In huiusmodi causis, ubi per graves dissensionum scissuras non huius aut illius hominis est periculum, sed populorum strages iacent, *detrahendum est aliquid severitati*, ut maioribus malis sanandis caritas sincera subveniat¹).« Die Dispensation bezeichnet er treffend als eine Wunde des Gesetzes. Um einen Zweig in einen Baum einzupflanzen, müsse man in letzteren einen Schnitt thun und dann in diesen den Zweig einsetzen, da er nur auf diese Weise aus dem Saft des Baumes Leben ziehen könne. Ebenso verwunde man durch die Gestattung einer Ausnahme das Gesetz ²).

Das Prinzip der Dispensation findet sich also bei dem hl. Augustinus unzweideutig ausgesprochen. Sie ist die Milderung des strengen Rechts. Wie bei Cyrill, so sehen wir auch hier die Grundsätze über die Dispensation entwickelt in Anlehnung an Fälle, wo es sich um die Wiederaufnahme von Häretikern handelt. Augustin lässt die Dispensation aber auch auf *andern* Gebieten des kirchlichen Rechts zu. Zunächst wurde er ja selbst einer Dispensation teilhaftig, indem er noch zu Lebzeiten des greisen Valerian zum Mitbischof von Hippo geweiht wurde. Er erhob zwar Einsprache gegen diese Wahl, weil er dafür hielt, dass es den Kirchengesetzen zuwider sei, wenn eine Gemeinde zugleich zwei Bischöfe habe. Als man ihm aber nachwies, dass solches schon öfters vorgekommen sei, fügte er sich, weil er in dem einstimmigen Wunsch Valerians und des gesammten Volkes den Willen Gottes erblickte³). Als Bischof von Hippo weihte er alsdann in Fussale den Lektor Antonius zum Bischof, ohne die gesetzlich vorgeschriebenen Interstizien zu beobachten⁴). Ergiebt sich schon aus diesen Beispielen, dass Augustinus der Dispensation eine Geltung auch auf dem übrigen Rechtsgebiet zuerkennt, so sehen wir dies unzweideutig ausgesprochen, wenn er sagt: «Jamne intelligunt, quemadmodum nulla inconstantia praecipientis sed ratione dispensantis pro temporum diversitate praecepta vel consilia vel permissa mutentur⁵).« Der Dispensation unterliegen also die Vorschriften ohne Unterschied ihres Inhaltes, soweit sie natürlich überhaupt eine Veränderung erfahren können⁶).

§. 4. *Resultat*.

Fassen wir das Bisherige zusammen, so ergiebt sich als Resultat, dass die Dispensation gleich von Anfang an in der Kirche

---

1) C. 25. D. 50. »Detrahendum est aliquid severitati« erinnert an die Worte Cyrills: »a debito foras exire« in c. 15. C. 1. qu. 7; vgl. S. 18.
2) c. 24. C. 23. qu. 4; vgl. de baptismo, l. 2. c. 3, Migne, 43, 128.
3) C. 12. C. 7. qu. 1. — 4) Ep, 209, Migne, 33, 954; vgl. Coustant, l. c. I. 1053, n. 3. Anm. c. — 5) Migne, 42, 450. — 6) vgl. S. 23.

üblich war, und dass bereits aus dem IV. und V. Jahrhundert ziemlich eingehende Theorieen über das Dispensationswesen vorliegen. Die Dispens war also keineswegs etwas so Seltenes, wie man bis jetzt anzunehmen gewohnt war.

Der Begriff der Dispensation, der allen jenen Erörterungen zu Grunde liegt, ist ganz abweichend von demjenigen, den wir heute mit dem Worte verbinden. Als Dispensation im Sinne der vorhergehenden Ausführungen haben wir zu betrachten *jede* Ausnahme von dem Gesetz, wobei es gar keinen Unterschied macht, ob dieselbe blos vorübergehenden oder dauernden Charakter hat, ob sie für einen einzelnen Akt gilt oder für öftere Wiederholung solcher, ob sie einer einzelnen Person oder zugleich einem ganzen Volke erteilt wird. Hebt der Gesetzgeber einen Rechtssatz auf, weil er für die im Laufe der Zeit sich ändernden Umstände nicht mehr passt, gestattet er einem Einzelnen oder auch einer ganzen Menge von Personen vom Gesetz abweichende Handlungen vorzunehmen, erteilt er Privilegien, so sind dies nach der damaligen Auffassung lauter Dispensationen.

Soweit über den Begriff. Zulässig ist eine Dispensation, wie wir bei dem hl. Augustinus [1]) gesehen haben, nur betreffs solcher Gesetze, welche veränderlich sind, d. h. bei solchen, deren Veränderung eine Alterierung der für das Heil der Seelen geltenden Sätze nicht nach sich ziehen würde. Dispensationen sollen aber nicht willkürlich erteilt werden; sie sind nur dann gerechtfertigt, wenn Gründe der Notwendigkeit oder Nützlichkeit vorliegen.

Die Frage, ob die Anwendung der Dispensation auf gewisse Rechtsgebiete ausgeschlossen war, beantwortet Thomassin [2]) so, dass er sagt, dass die Bischöfe in den ersten Jahrhunderten von *allen* Kanones entbunden hätten. Thatsache ist, dass Dispensationen vorgekommen sind, und zwar viel öfters, als man bislang anzunehmen gewohnt war. Dass aber gerade von *allen* damals geltenden Bestimmungen entbunden worden sei, dafür lassen sich Beweise nicht erbringen, und a priori solche Behauptungen aufzustellen, dürfte doch als gewagt erscheinen. Die Gebiete, auf denen sich das Dispensationswesen dieser Zeit bewegte, sind vor allem die Ordination, die Abkürzung der Strafzeit u. s. w. Jedenfalls aber kannte man ausser der Wiederaufnahme der Häretiker noch mehrere Dispensationen. Ebenso ist es unrichtig, dass die Dispensation *vor* der beabsichtigten Handlung den Vätern dieser Zeit völlig unbekannt war. Diese Frage wird uns des nähern im VI. Kapitel beschäftigen.

---

1) vgl. S. 23. — 2) L. c. p. 2. l. 3. c. 24. n. 14.

III. Kapitel.

§. 5. Das Prinzip der Dispensation, ausgesprochen durch die Päpste.

Als ein charakteristisches Zeichen muss es betrachtet werden, dass gleich unter den ersten Papstbriefen, deren Echtheit verbürgt ist, sich solche befinden, welche das Prinzip der Dispensation klar und deutlich aussprechen. Wir sehen, dass in denselben die strenge Beobachtung der Gesetze eingeschärft, dass aber auch zu gleicher Zeit Ausnahmen von denselben zugelassen werden.

In der Dekretale des Papstes *Sirizius* an den Bischof Himerius von Tarrago aus dem Jahre 385 heisst es: »Et quia aliquanti, de quibus loquimur, ignoratione lapsos esse deflent, his hac conditione *misericordiam* dicimus non esse negandam, ut sine ullo honoris augmento in hoc, quo defecti sunt, quamdiu vixerint, officio perseverent« [1]). Es handelt sich hier um gefallene Kleriker, denen Dispensation erteilt wird, jedoch mit der Beschränkung, dass sie in einen höheren ordo nicht aufsteigen dürfen. Dieselbe Nachsicht gewährt dieser Papst jenen, welche als Poenitenten oder Bigame die Weihen erhalten hatten: »Nos interim solo pietatis intuitu necesse est, clementer ignoscere, quicunque poenitens, quicunque bigamus, quicunque viduae maritus ad sacram militiam indebite incompetenterque irrepserit, hac sibi conditione a nobis *veniam relaxatam* intelligat, ut magno debeat computare beneficio, si adempto sibi omni spe promotionis, in quo invenitur ordine, in hoc perpetua stabilitate permaneat« [1]). In einem andern Brief schreibt derselbe Papst, dass die durch die verschiedenen Häresieen hervorgerufene Notlage der Kirche viele Uebertretungen der apostolischen Vorschriften zur Folge habe, namentlich auf dem Gebiete der für die Ordination aufgestellten Grundsätze. Nachdem aber der Friede eingetreten sei, da höre die Erlaubtheit solcher Handlungen auf, und es seien wieder die alten Normen zu beobachten [2]).

---

1) Ep. 1. ad Himerium, *Constant*, l. c. I. 631 n. 11; *Jaffé*, Reg. Pont. Rom. I. Lips. 1885. n. 255.

2) Ep. 6. n. 5, l. c. p. 662. Aehnlichen Inhalt zeigt eine Stelle aus *Dio Cassius*, Histor. rom. quae supersunt, l. 54, ed. Sturzius, Lips. 1824, III. 281: »In censura quum adduceretur ad ipsum (sc. Caesarem Augustum) adolescens, qui mulierem, cum qua adulterii consuetudinem habuisset, uxorem duxerat, essetque multis accusatus, diu anceps haesit, quum neque connivere (παριδεῖν) ad eam rem neque poenam irrogare (ἐπιτιμῆσαι) auderet; tandem colligens sese, »Bella, inquit, civilia multa nobis mala attulerunt: ea oblivioni demus idque curemus, ne quid simile in posterum fiat: »πολλὰ καὶ δεινὰ αἱ στάσεις ἤνεγκαν· ὥστε ἐκείνων μὲν ἀμνημονοῦμεν, τοῦ δὲ δὴ λοιποῦ προνοῶμεν, ὅπως μηδὲν τοιοῦτον γίγνηται.«

Im Schreiben an die Bischöfe Mazedoniens sagt *Innozenz I.* (414), dass das, was als Heilmittel mit Rücksicht auf die Notlage der Zeit verordnet worden sei, von Anfang an gar nicht bestanden hätte, denn die Apostel und die apostolischen Männer hätten der Kirche nicht Ausnahmen, sondern Regeln, allgemeine Gesetze gegeben. Von diesen entbinde aber die Not, und so lange diese dauere, sei eine Abweichung von denselben begründet¹). Im Kanon 8 habe das Nizänum den Novatianern Dispens gewährt, indem es dieselben im Klerus beliess²). Diese Nachsicht sei aber nun nicht so ohne weiteres überhaupt bei der Rückkehr von Häretikern anzuwenden. Es bedürfe jedesmal einer besonderen Prüfung, ob wirklich die Verhältnisse auch so liegen, dass eine Dispensation gerechtfertigt erscheinen könne. Und so lobt der Papst die Dispensation, welche Bischof Anysius den seitens des Häretikers Bonosus Geweihten zu teil werden liess, indem er denselben gestattete, ihren ordo auszuüben³). Vorbilder für die Dispensation findet der Papst mehrere in der Bibel. Wie Petrus trotz der Verleugnung seines Herrn, wie Thomas trotz seiner Zweifel der Würde eines Apostels nicht beraubt wurden, wie ferner David ungeachtet seiner vielen Sünden die Gabe der Prophezeiung behielt, ebenso dürfe man auch von den kirchlichen Satzungen Ausnahmen machen, wie man es z. B. einem Symphosius und einem Diktinius gegenüber gethan, nachdem dieselben der Häresie abgeschworen hatten (c. 404)⁴).

In dritter Linie kommt hier in Betracht eine Dekretale *Leos I.* aus dem Jahre 446, welcher man die Bezeichnung eines Dispensdekrets wohl kaum versagen kann. Dieser Papst betrachtet es als ein Erbteil seiner Vorgänger, neben der Pflicht, auf strenge Durchführung der Kanones zu sehen, doch nach Lage der Verhältnisse Milde und Nachsicht obwalten zu lassen. Solche gewährt er jenen, die aus dem Laienstande direkt auf den Bischofsstuhl erhoben worden waren. Diejenigen, sagt er, deren Beförderung nur an dem Mangel leidet, dass sie aus dem Kreise der Laien unmittelbar zur bischöflichen Weihe zugelassen wurden, können Gnade erlangen, so dass sie auf Grund der Dispensation in Würden und Rang verbleiben dürfen. Er verwahrt sich aber ausdrücklich dagegen, dass diese Ausnahme ein Präjudiz gegen

---

1) *Jaffé*, l. c. I. 303; *Constant*, l. c. I. 835: »Quod necessitas pro remedio invenit, cessante necessitate debet utique cessare pariter, quod urgebat, quia alius est ordo legitimus, alia usurpatio, quam tempus fieri ad praesens impellit« = c. 7. C. 1. qu. 7. — 2) Vgl. *Hefele*, a. a. O. I. 411. — 3) *Constant*, l. c. I. 835. — 4) Ep. ad Toled. synod. *Constant*, l. c. I. 766. n. 3; *Jaffé*, l. c. I. n. 292.

das kirchliche Recht bilde. Die Dispensation habe nur für den vorliegenden Fall Geltung: »Quae enim certarum remisimus consideratione causarum, antiquis custodienda sunt regulis, ne quod ad tempus pia lenitate concessimus, iusta postulatione plectamus in eos specialius et propensius commovendi, qui in episcopis ordinandis sanctorum patrum statuta neglexerunt« [1]). Hiernach ist die Dispensation eine »*remissio regularum consideratione certarum causarum.*«. Die Frage, inwieweit Dispensationen zulässig sind, beantwortet Leo in prägnanter Weise: Wie es gewisse Bestimmungen giebt, welche durch keinen Grund umgestossen werden können, ebenso gibt es auch solche, welche bald mit Rücksicht auf die Notlage der Verhältnisse, bald mit Rücksicht auf die Zeitumstände gemildert werden müssen. Dabei ist aber stets im Auge zu behalten, dass betreffs derjenigen Verordnungen, von denen es zweifelhaft ist, ob sie eine Dispensation zulassen, nichts gestattet wird, was den evangelischen Vorschriften oder den Dekreten der Väter zuwider ist. »Sicut quaedam sunt, quae nulla possunt ratione convelli, ita multa sunt, quae aut pro necessitate temporum, aut pro consideratione aetatum opporteat temperari, illa consideratione semper servata, ut in iis, quae vel dubia fuerint aut obscura, id noverimus sequendum, quod nec praeceptis evangelicis contrarium nec decretis sanctorum Patrum inveniatur adversum« [2]). »Opporteat temperari« sagt er, der Obere hat also die Pflicht, da, wo die Notwendigkeit es erheischt, Ausnahmen von der allgemeinen Regel zuzulassen. Es sei ja unmöglich, alle Fälle mit dem gleichen Massstab zu messen, das Gewicht eines jeden einzelnen sei genau abzuwägen und darnach zu urteilen, ob Nachsicht gewährt oder die Strenge des Gesetzes aufrechterhalten werden solle.

Bei *Hilarius*, dem Nachfolger Leo's, finden wir gleichfalls die Ansicht vertreten, dass die Not manchmal dazu zwinge, widerrechtlich zustande gekommenen Verhältnissen die Anerkennung nicht zu versagen und dieselben aus Gnade weiter bestehen zu lassen. »Temporum necessitate perspecta hac ratione decernimus ad veniam pertinere, quod gestum est, ut nihil deinceps contra praecepta beati Apostoli, nihil contra Nicaenorum canonum constitutum tentetur« (a. 465) [3]).

Einen tiefern Einblick in die Auffassung über das Dispenswesen während dieser Zeit gewähren uns die Dekretalen des Papstes *Gelasius*. Im Jahre 429 bat der Bischof Euphemius den Papst,

---

1) Decret. 49, *Voelli et Justelli*, Bibliotheca iuris canonici veteris, Paris· 1610, I. 238, *Jaffé*, l. c. n. 410 = c. 18. C. 1. qu. 7, jedoch nicht ganz übereinstimmend. — 2) L. c. p. 229; *Jaffé*, l. c. n. 544 = c. 2. D. 14. — 3) *Thiel*, Epistolae Romanorum Pontificum, Braunsb. 1868, p. 166; *Jaffé*, l. c. n. 560 = c. 13. C. 1. qu. 7.

dem Acacius und dessen Anhang, welche aus der kirchlichen Gemeinschaft ausgeschlossen worden waren, eine »condescensio« zu gewähren. Daraufhin antwortet der Papst: »Quoniam isto verbo (sc. condescensio) frequenter utimini, quid sibi velit, explorem. Optima enim illa est ecclesiae catholicae atque apostolicae dispositio, quae docet, ad meliora, proficiendo condescendere, non ad inferiora descendendo deficere« ¹). Weigert er sich auch, in dem vorliegenden Fall die verlangte Dispensation zu gewähren, so spricht er doch dem Institut derselben seine Anerkennung aus, was für uns von einem ebenso hohen Wert ist, als wenn er der Bitte des Euphemius nachgekommen wäre. Die Dispensation ist ihm eine äusserst nützliche Einrichtung der Kirche. Einen weiteren Beitrag zur Geschichte des Dispensationswesens liefert die Dekretale dieses Papstes an die Bischöfe von Lukanien, Bruttium und Sizilien. Infolge von Hungersnot, Pest und Krieg war in diesen Provinzen ein starker Priestermangel eingetreten. Um nun diesem Uebelstand abzuhelfen, gestattet der Papst (a. 494) den genannten Bischöfen Weihen vorzunehmen, ohne an die gesetzlichen Zwischenräume gebunden zu sein. Er schreibt: »Necessaria rerum dispositione constringimur et Apostolicae Sedis moderamine convenimur, sic canonum paternorum decreta librare et retro praesulum decessorumque nostrorum metiri, ut quae praesentium necessitas relaxanda deposcit, adhibita consideratione diligenti, quantum potest fieri, temperemus« ²). Der ihm geschilderten Notlage glaubt er nur abhelfen zu können »remittendo antiquitus intervalla praefixa.« Daher gibt er den Bischöfen die Dispensationsbefugnis, von den Interstizien zu entbinden, »concedimus spatia dispensanda« ³). Aus den

---

1) *Thiel*, l. c. p. 314. Das Wortspiel mit condescendere und descendere führt er des weitern aus: »Quum autem dicis, condescendere nos debere vobiscum, interim iam vos descendere aut descendisse monstratis. Unde quaeso vel quo ista descensio est? Utique ex superiore quodam loco ad inferiora quaeque deponens. A catholica apostolicaque communione ad haereticam damnatamque prolapsos vos videtis, cognoscitis, non negatis, et non solum vos in infimis iacere delectat, sed etiam in superiore manentes sede vultis impelli. Condescendere nos vobiscum invitatis ad ima de summis, nos coascendere vos nobiscum rogamus ad summa de imis.« L. c.

2) L. c. p. 362; *Jaffé*, l. c. n. 636 = c. 6. C. 1. qu. 7. Dispositione haben 16, disputatione 5 Handschriften, der Rest hat dispensatione, *Thiel*, l. c. p. 362. Meines Erachtens verdient *dispositione* den Vorzug und gibt den besten Sinn. Entscheidet man sich aber für dispensatione, so bezeichnet es keineswegs die Dispensation als Ausnahme von der Rechtsregel, wie gewöhnlich angenommen wird, sondern es ist dann gleichbedeutend mit Verwaltung, administratio. *Friedberg* in c. 6. C. 1. qu. 7. hat dispositione.

3) *Thiel*, l. c. p. 362.

Worten dieses Papstes können wir nun folgende Definition der Dispens eruiren: *dispensatio est relaxatio, temperatio, remissio canonum paternorum et praeceptorum praesulum decessorumque nostrorum adhibita consideratione diligenti, quantum fieri potest.* Diese Begriffsbestimmung findet sich nirgendwo so klar, deutlich und vollständig wie bei Gelasius. Als Dispensation gilt ihm *jede* Milderung des strengen Rechts. Sie erstreckt sich auf die Kanones ebenso gut wie auf die Verordnungen der Päpste; beide Arten von kirchlichen Gesetzen lassen eine Dispensation zu [1]). Die Worte: adhibita consideratione diligenti, erinnern unwillkürlich an die entsprechenden Worte »causa cognita« in der durch die Glossenliteratur eingeführten Definition der Dispens. Nur wo eine Notwendigkeit die Abweichung von der allgemeinen Regel rechtfertigt, darf eine Ausnahme gemacht werden. Mit den Worten: quantum fieri potest, will Gelasius besagen, dass das Dispensationswesen sich innerhalb gewisser Schranken zu bewegen hat. Es gibt nämlich nach der Ansicht dieses Papstes dispensable und indispensable Gesetze. Erstere sind solche, von denen, ohne dass ein Schaden für die Kirche im Gefolge ist, entbunden werden kann, wo z. B. die Rücksicht auf die Verhältnisse und die Zeitlage oder die Notwendigkeit einer beschleunigten, ohne Innehaltung der gesetzlichen Zwischenfristen für die zu erteilenden Weihen die Dispensation rechtfertigt. Zu den indispensablen Gesetzen gehören jene, von denen aus keinem Grunde Abweichungen zugelassen werden können: »Etsi illa nonnumquam silenda sunt, quae si ceterorum constat integritas, sola nocere non valeant, illa tamen sunt magnopere praecavenda, quae recipi sine manifesta decoloratione non possunt. Ac si ea ipsa, quae nullo detrimento aliquoties indulgenda creduntur vel rerum temporumque cogit intuitus vel acceleratae provisionis respectus excusat, quanto magis illa nullatenus sunt mutilanda, quae nec ulla necessitas nec ecclesiastica prorsus extorquet utilitas [2])?« Liegen nun die Verhältnisse derart, dass eine Abhülfe nur auf dem Wege einer Ausnahme von der Regel geschafft werden kann, so hat dies so zu geschehen, dass die weitere Geltung der nur für den betreffenden Fall zu beugenden Gesetze keine Einbusse erleidet: »Priscis igitur pro sui reverentia manentibus constitutis, quae ubi nulla vel rerum vel temporum perurgeat angustia, regulariter convenit custodiri .... spatia dispensanda concedimus« [3]).

---

1) Hiermit werden wir uns in der Darstellung der geschichtlichen Entwickelung des Dispensationsrechts des nähern zu beschäftigen haben.
2) *Thiel*, l. c. p. 368; die zitierte Stelle erinnert an die Worte Leo's I. in c. 2. D. 14, vgl. S. 29. — 3) L. c. p. 362.

In c. 7. D. 34 ist uns ein Dispensdekret des Papstes *Pelagius* aus der Zeit von 558—560 erhalten: »Quamvis multa sint, quae in huiusmodi casibus observari canonicae iubeat sublimitatis auctoritas, tamen quia defectus nostrorum temporum, quibus non solum merita sed corpora ipsa hominum defecerunt, districtionis illius non patitur in omnibus manere censuram, et aetas istius, de quo agitur, futurae incontinentiae suspicionem auferre dignoscitur, ut ad diaconatum possit provehi«. Der Papst giebt also zu, dass das strenge Recht nicht unbedingte Geltung beanspruche. Als Gründe, welche die Erteilung der Dispensation in diesem Falle rechtfertigen, führt er an die schlimme Lage der Zeit und das hohe Alter des Dispensanden, das für seine fernere Enthaltsamkeit hinreichende Sicherheit biete [1]).

Wir kommen jetzt zu *Gregor dem Grossen*. In dem Schreiben an Augustinus, den Apostel der Angelsachsen (601), in welchem diesem eine Dispensfakultät für das Ehehindernis der Blutsverwandtschaft bis zum IV. Grad ausnahmsweise erteilt wird, stellt Gregor den Grundsatz auf, dass die Kirche in bedrängten Lagen manchmal sich milde und barmherzig zeigt und Verletzungen ihres Rechts duldet, übersieht, erträgt [2]). An einer anderen Stelle sagt er: »Temperanda est interdum censura districtionis, ubi misericordiae respectus invitat« [3]). Der Ausdruck dispensare im Sinne einer Entbindung von der Beobachtung einer Vorschrift ist dieser Zeit zwar noch nicht ganz geläufig. Gregor I. hat die gleichwertigen Bezeichnungen: tolerare, dissimulare, portare, moderari, temperare [4]); es findet sich auch condescensio [5]) und compassio [6]). Die beiden Ausdrücke dispensatio und condescensio sehen wir in prägnanter Weise vereinigt im fünften Buch der Moral: »Nonnumquam, qui bene praeest, dum subiectorum populorum con-

---

1) J. J. 521 schreibt Papst Hormisdas an den Bischof Salustius: »Vices itaque nostras per Baeticam Lusitaniamque provincias . . . . . committimus (sc. tibi), augentes tuam huius participatione ministerii dignitatem, relevantes nostras eiusdem remedio dispensationis excubias.« Thiel, ep. 142, 1. c. p. 980. Hormisdas ist also der Ansicht, dass die Ausübung einer Gewalt an sich durch den ordentlichen Inhaber derselben zu geschehen habe. Wenn er nun, wie er es im vorliegenden Falle thut, einem Bischof gewisse Machtbefugnisse delegiert, so geschieht dies auf dem Wege der Gestattung einer Ausnahme, also vermittels einer Dispensation (remedio dispensationis).

2) In Respons. ad quaest. August. ep. 64. l. c. VIII. 299: »Quaedam per mansuetudinem tolerat, quaedam per considerationem dissimulat atque portat.«

3) L. c. l. 9. ep. 26, VIII. 66; districtio wird sehr oft angewendet für ius strictum. — 4) L. 19. Moral. l. c. II. 250; l. 20. Moral. l. c. II. 279. — 5) L. 19. Moral. l. c. II. 252. — 6) L, c.

fusione concutitur, ad dispensationem condescensionis ex sola dilectione permovetur« [1]). Ein guter Vorgesetzter betrachtet es also als seine Pflicht, in Zeiten der Not die Strenge des Gesetzes zu mildern. Die Dispensation soll, wie Gregor sehr oft betont [2]), die Vermittelung zwischen dem strengen Recht und der Gnade und Güte herbeiführen.

Papst *Martin I.* (649) erklärt sich für die Dispensation als einer Ausnahme von den geltenden Bestimmungen, indem der Obere unter dem Druck der Verhältnisse manchmal nicht umhin könne, Gnade vor Recht ergehen zu lassen [3]). Wenn er sagt: »*Novit canon* afflictorum temporum persecutionibus veniam tribuere« [4]), so ist hierin deutlich ausgesprochen, dass das Institut der Dispensation bereits zu seiner Zeit rechtlich anerkannt war. Wird nun in Ansehung der Notlage der Verhältnisse von dem Recht eine Abweichung zugelassen, so geschieht dies auf Grund einer Dispensation, »ex dispensatione datur« [5]).

Ganz besondere Erwähnung verdienen hier die Ausführungen des Papstes *Johann VIII.* Mit ihm schliessen wir die Reihe derjenigen Päpste, deren Aussprüche über das Dispenswesen uns bekannt geworden sind bezw. von besonderer Bedeutung geschienen haben. Am 16. August des J. 879 richtet dieser Papst an die byzantinischen Kaiser Basilius, Konstantius und Alexander ein Schreiben, das für unsern Zweck eine reiche Ausbeute darbietet [6]). Es handelt sich nämlich um die Restitution des Patriarchen Photius, der vom Papst Nikolaus nicht anerkannt worden war, weil er unter Verachtung aller Vorschriften über die Weiheinterstizien in dem kurzen Zwischenraum von fünf Tagen vom Laienstand zur bischöflichen Würde erhoben worden war, um so der Nachfolger des widerrechtlich abgesetzten Patriarchen Ignatius sein zu können. Johann VIII. ist sich wohl bewusst, durch die Restitution eine Ausnahme zu gestatten, welche mit den Gesetzen der Kirche in Widerspruch stand. Ohne den rechtlichen Vorschriften zu präjudizieren oder die Regeln der Väter aufzuheben, vielmehr auf Grund zahlreicher Autoritäten gestattet er alsdann die Restitution, namentlich in Ansehung des Um-

---

1) L. 5. Moral. 1. c. I. 55. Diese Stelle hat Deusdedit in seiner Kanonensammlung herbeigezogen zum Beweis für den Satz, dass der Papst von den Verordnungen der Väter Ausnahmen gestatten kann, ed. *Martinucci*, Venet. 1869, l. l. c. 176, p. 119 sq. — 2) L. 24. Moral. c. 7, l. c. III. 386; l. 20. Moral., l. c. II. 283 = c. 9. D. 45; homil. 34, l. c. V. 313 = c. 15. D. 45; l. 4 in I. Reg. c. 1. n. 7. l. c. XIII. 176. — 3) *Mansi*, Collectio Conciliorum, Flor. 1764 sq. X. 811; *Jaffé*, l. c. 2064. — 4) L. c. — 5) L. c. p. 810. — 6) Migne, 126, 854, *Mansi*, 16, 479, vgl. *Hefele*, a. a. O. 4, 438 ff.

standes, dass durch eine solche Massregel der Friede zwischen Rom und Konstantinopel wieder hergestellt und befestigt würde. Sei doch die Synode von Nizäa in derselben Lage gewesen wie er, als sie den zurückkehrenden Novatianern Dispens gewährte. Die übrigen Autoritäten, die der Papst zum Beweis dafür herbeibringt, dass die Not eine Ausnahme von der allgemeinen Rechtsregel hinreichend begründe, sind von uns bereits an anderen Stellen besprochen. Dieser Brief zeigt eine Zusammenstellung von Citaten, der wir hier zum ersten Mal begegnen. Welche Bedeutung demselben beizumessen ist, ersehen wir daraus, dass er die Quelle bildete, aus welcher Ivo von Chartres das Material für die Darstellung seiner Theorie über das Dispensationswesen schöpfte [1]).

Ueber die Auffassung des Begriffs der Dispensation bei Johann VIII. kann kein Zweifel herrschen. Seine Ansicht weicht von der damals geltenden, wonach die Dispensation identisch ist mit Gestattung einer Ausnahme in keiner Beziehung ab. Ueber die Ausdehnung der Dispensation auf die verschiedenen Gebiete des Rechts bekommen wir einen Einblick, wenn wir einen andern Brief [2]) desselben Papstes zu Hülfe nehmen, in welchem er einem gewissen Frotarius Dispensation zu seiner Versetzung auf den erzbischöflichen Stuhl von Bourges erteilt. Dabei beruft er sich, wie in dem zuerst erwähnten Schreiben, auf die bekannten Worte des Papstes Gelasius in c. 6. C. 1. qu. 7 [3]). Hierin ist aber das Prinzip der Dispensation ausgesprochen, welche *im voraus* erteilt wird. Diese Kategorie der Dispens beschränkt Johann VIII. nun nicht auf den vorliegenden Fall der Dispenserteilung von den Weiheinterstizien, worauf sich der Ausspruch des Papstes Gelasius bezieht, sowie auf die Translation des Frotarius. Wie aus einer Stelle des an zweiter Stelle genannten Briefes zu entnehmen ist, betrachtet er die Dispensation ante factum auch in Ansehung *anderer* kirchlicher Vorschriften zulässig: »Si huiusmodi sanctiones sine ulla discretione vel dispensatione ducimus observandas, nullam compassionem fratribus exhibemus, quos gentilium gladios passos causa fidei christianae servandae videmus egentes, angustiatos, afflictos, hac illacque palantes incedere, ut non solum scientia sed et moribus, non solum verbo sed et exemplo plurimos valeant erudire«. Wir sehen, dass Johann VIII. die Dispensation pro futuro ebenso gut in den Kreis seiner Betrachtung zieht als die dispensatio post factum. Ausser dem erwähnten Beispiel von der Translation des Frotarius als einer im voraus erteilten Dispens findet sich noch ein

---

1) Vgl. hierüber an späterer Stelle. — 2) Ep. 35. Migne, 126, 689. — 3) Vgl. S. 29.

solches in den Akten des unter der Regierungszeit dieses Papstes abgehaltenen Konzils von Ravenna (877), welches die Verwaltung der Güter der römischen Kirche regelt und eine Ausnahme davon nur auf Grund ausdrücklicher päpstlicher Dispensation zulässt¹).

IV. Kapitel.
§. 6. Die Dispensation bei Theodor dem Studiten und Bischof Daniel.

Nachdem wir im Vorhergehenden Aussprüche der Päpste, soweit sie für das Dispenswesen von Bedeutung sind, untersucht haben, wollen wir im Folgenden zu zeigen versuchen, inwieweit diese Grundsätze in der Literatur und in sonstigen Schreiben Wiederhall gefunden haben. Eine grosse Anzahl von Zeugnissen können wir leider an dieser Stelle nicht beibringen. Allein wir sind in der Lage, für den Orient und den Occident je ein Beispiel anzuführen, welche uns einen ziemlich weiten Einblick in fraglicher Richtung zu verschaffen imstande sind.

Zunächst kommt hier in Betracht *Theodor* von Konstantinopel (759—826), zuerst Abt des Klosters Saccud in der Nähe seiner Vaterstadt, später Abt des Klosters Studium, daher Studite genannt. Wie er selbst in einem Briefe berichtet²), schrieb er eine Monographie über die Dispensation unter Anlehnung an eine ähnliche Arbeit des Bischofs *Eulogius von Alexandrien*. Von letzterer Schrift hat Mai ein Bruchstück veröffentlicht, in dem aber nur von der οἰκονομία im Sinne der Heilsvorsehung die Rede ist³); jedoch muss Eulogius die Dispensation auch als kirchenrechtliches Institut besprochen haben, da nach dem Bericht des Photius die Abhandlung gegen die Novatianer gerichtet war, welche bekanntlich an der strengen Durchführung der kirchlichen Diszipin festhielten⁴). Dagegen können wir uns von den Ausführungen des *Studiten* ein Bild machen, wenn wir

---

1) C. 21: »Quod si quisquam huic nostro statuto contraire temptaverit et de praefatis quibuslibet aliciuiusmodi scriptum sibi fieri postulaverit aut etiam beneficiali more ea retinere praesumpserit, excepta dispensatione apostolica, quae ad augmentum et servitium S. R. ecclesiae esse probatur«..., *Mansi*, 17, 340; vgl. *Dämmler*, Geschichte des ostfränkischen Reichs, Leipz. 1887, III. 49.

2) *Sirmond*, opera varia, Venet. 1728, l. 1. ep. 49, 5, 277 sqq.

3) Scriptorum veterum Collectio, Rom. 1823, 7, mit der Ueberschrift: »Εὐλογίου ἐπισκόπου Ἀλεξανδρείας λόγος περὶ τριάδος καὶ τῆς θείας οἰκονομίας τοῦ υἱοῦ τῆς τριάδος θεοῦ λόγου.«

4) vgl. *Marca*, l. c. l. 3. c. 10. n. 2.

die Inhaltsangabe herbeiziehen, welche der Verfasser selbst seinem Mitbruder Naukratius in einem Briefe mitteilt. Dieser hatte in dem damals mit aller Heftigkeit geführten Streit über den Verkehr mit den Ikonoklasten die Frage an den Studiten gestellt, warum der hl. Cyrill von Alexandrien denjenigen, welche den Häretiker Theodor von Mopsueste in den Diptychen erwähnten, Dispens erteilt hätte, so dass sie aus der Kirche nicht ausgeschlossen wurden. Eine weitere Veranlassung, seine Ansichten über die Dispensation auszusprechen, boten Theodor die Streitigkeiten mit dem Patriarchen Nikephorus, mit dem er die Gemeinschaft aufhob, weil derselbe einen Geistlichen, der den ehebrecherischen Kaiser Konstantin IV. kirchlich getraut hatte, wieder in Gnaden aufnahm[1]). Hiezu hatte auch die Synode ihre Zustimmung gegeben. Man sagte: »Sanctus qui iussit; sancti est dispensatio; quare illum recipite, d. h. in die Gemeinschaft«[2]).

Das Wesen der Dispensation findet der Studite darin, dass die Anwendung einer gesetzlichen Vorschrift mit Rücksicht auf die obwaltenden Umstände manchmal unterbleiben muss. Wie es dem Arzt nicht möglich ist, eine Krankheit von Grund aus zu heben, wie es unmöglich ist, ein noch ungebändigtes Pferd sofort an Zucht und Ruhe zu gewöhnen, ebenso wenig lässt sich die strikte Anwendung eines Rechtssatzes immer durchführen. Wie es bei dem ungebändigten Tiere der Güte und Milde bedarf, so ist auch auf dem Gebiete des Rechts Nachsicht und Gnade am Platz. Aufgabe der Dispensation ist es zu verhüten, dass die Gesetze übertreten werden, und zu verhindern, dass durch eine allzustraffe Spannung der verbindenden Kraft der Gesetze die Billigkeit des Rechts ausser Acht gelassen wird, und so ein grosser Schaden für die Kirche selbst entsteht. Bereits der Apostel Paulus hat die Dispensation angewandt, als er die Beschneidung seines Schülers zuliess. Unter den Vätern hat gleichfalls Basilius sehr häufig von der Dispens Gebrauch gemacht, so z. B. als er auf Bitten des Valens die Bezeichnung des hl. Geistes als eines Gottes in seinen Predigten unterliess[2]). Auch Cyrill hat auf dem Wege einer Dispens den Verkehr mit den Häretikern gestattet. Wer immer aus Gründen der Notwendigkeit eine Ausnahme gestattet, der weicht von dem Rechte keineswegs ab. Und warum sollte man solche Dispensationen nicht zulassen für diejenigen, welche im Glauben mit der ganzen Kirche übereinstimmen, und nur betreffs der rein rechtlichen Vor-

---

1) *Sirmond*, l. c. ep. 300, 5, 233.
2) L. c. ep. 24, p. 220.

schriften eine andere Ansicht haben, da sie unter dem Druck der Verhältnisse den strengen Forderungen des Gesetzes nicht genügen können? Wer in solchen Fällen die Gestattung einer Ausnahme verweigert und trotz der vorhandenen Notlage die Innehaltung der gesetzlichen Vorschriften verlangt, der fügt der Kirche einen Schaden zu, der nicht wieder gut zu machen ist. Nur ein Unverständiger kann die Dispensation da, wo sie gerechtfertigt ist, versagen [1]), denn die Kirche hat das Institut der Dispens eingeführt, um nach Zeit und Umständen die strengen Forderungen des Rechts zu mildern, falls sie sich als hart und unbillig erweisen [2]).

Der Studite teilt die Dispensationen ein in immerwährende und vorübergehende. Eine immerwährende Dispens sieht er z. B. darin, dass der hl. Athanasius den Italienern die Anwendung des Wortes persona für ὑπόστασις gestattete. Als Dispensation von nur vorübergehender Natur gilt ihm die Nachsicht des Apostels Paulus betreffs der Beschneidung des Timotheus und die Gestattung des Verkehrs mit den Häretikern seitens Cyrill [3]).

Nach der Ansicht Theodors müssen zur Erteilung einer Dispensation gewisse Bedingungen vorliegen: die Abweichung darf einmal keine willkürliche sein; es muss stets ein hinreichender Grund dazu vorliegen [4]). Dann kann aber auch nicht von jedem kirchlichen Gesetz eine Ausnahme zugelassen werden. Hierüber spricht er sich des nähern aus im 48. Brief [5]). In den Evangelien finden sich Vorschriften, welche weder durch die Zeitläufe noch durch die Aenderung der Verhältnisse gebeugt werden können. Sie entstammen dem ewigen Munde Gottes und sind wie dieser unwandelbar. Eine Ausnahme von denselben ist unter keinen Umständen statthaft; und wenn trotzdem der Patriarch und die Synode gegen den Geistlichen von einer Dispens Gebrauch machten, so hätten sich dieselben gegen das göttliche Gesetz vergangen, indem sie dadurch den Grundsatz ausgesprochen hätten, dass die göttlichen Gebote alle ohne Ausnahme abgeändert werden können: »Num enim in omnibus hominibus et in omni mandati transgressione dispensatio est, an in quibusdam et in aliquo? Et quoniam sors ista est, ut in quibusdam et in aliquo nequaquam? A quibusnam ergo et a quam multis haec dispensatio? Ab episcopis solis aut etiam a sacerdotibus? Synodice an privatim utcunque? Et si in regibus tantum, an in adulterio solo? an in

---

1) L. c. ep. 49, p. 278. — 2) Ep. 300, l. c. p. 233. — 3) »Quae ad tempus aliquod facta nihil habent reprehensione dignum nec absurdum ulla ex parte aut illicitum.« L. c. — 4) L. c. — 5) L. c. p. 270 sqq.

qualibet iniquitate? Et quando in regibus cessant Dei mandata ¹)?«

Aus dem Bisherigen geht zur Genüge hervor, dass wir hier eine vollständige Theorie der Dispensation vor uns haben. Dispensation im Sinne Theodors ist jede Ausnahme, jede Abweichung von dem Gesetz. Es gibt Vorschriften, von denen unter keinen Umständen dispensirt werden kann. Soll eine Dispens gerechtfertigt sein, so muss ein hinreichender Grund dazu vorliegen. Die Ausführungen des Studiten umfassen nicht allein die Dispensation, insofern als die Wiederbelassung von zurückkehrenden Häretikern in ihren Weihegraden als solche uns entgegentritt, sondern sie erstrecken sich auf das gesammte kirchliche Rechtsgebiet. Einen Unterschied zwischen Dispensen vor und solchen nach der That kennt er nicht. Ja, die Beispiele, die er im Verlaufe seiner Erörterungen vielfach erwähnt, sind fast durchweg Dispensationen, die im *voraus* die Vornahme einer verbotenen oder die Unterlassung einer gebotenen Handlung gestatten.

In seinem Eherecht der orientalischen Kirche behauptet Zhismann ²), dass dieselbe eine ausgesprochene Feindin des Dispensationswesens gewesen sei. Er ist der Ansicht, dass es überhaupt an Zeugnissen fehle darüber, dass sie das Prinzip der Dispensation gekannt hätte. Dies ist, wie wir bereits gesehen, ebenso falsch wie seine fernere Behauptung, dass ausser dem infolge der Missbräuche der letzten Jahrhunderte entstandenen Ausdruck »συγκατάβασις« eine andere Bezeichnung für die Dispensation im jetzigen Sinne nicht aufzuweisen sei. Wir halten es nicht für nötig, auf diese verkehrte Ansicht noch einmal zurückzukommen und verweisen namentlich auf die Darstellung des Dispensationswesens bei Cyrill ³). Das Prinzip der Dispensation ist ausserdem von der achten allgemeinen Synode von Konstantinopel ausdrücklich anerkannt worden ⁴).

Für das Abendland giebt uns der Briefwechsel zwischen dem hl. Bonifatius und dem Bischof Daniel von Winchester einen Einblick in die damalige Auffassung von dem Dispensationswesen. In einem Schreiben an diesen Bischof beklagt sich der Apostel der Deutschen, dass es ihm unmöglich sei, die strengen kanonischen Vorschriften über den Ausschluss von falschen Priestern aus der Kirche in Anwendung zu bringen. Er müsse sich darauf beschränken, denselben

---

1) L. c. — 2) Wien, 1864, S. 715 ff. — 3) S. 20 ff. — 4) *Mansi*, l. c. 16, 454: »Etenim divus Chrysostomus ait, ibi esse dispensandum, ubi non sit praevaricandum, quemadmodum et ipse fecit, cum Ephesinis episcopis propter simoniam damnatis sacramentorum usum in sacrario indulsit.«

die Teilnahme an der Kommunion zu verbieten. Den sonstigen Verkehr mit ihnen könne er aber nicht vermeiden [1]. In dem Antwortschreiben [2] auf diesen Brief weist Daniel darauf hin, dass die Kirche die Bösen bis zu einem gewissen Grade dulde, und zwar auf Grund einer Dispensation (condescensio). Die strengen Sätze des kirchlichen Rechts können ja nicht immer angewendet werden. Mit Rücksicht auf die Notlage sei manchmal eine Ausnahme von denselben angebracht, »utilis simulatio adsumenda tempore.« In der Kirche sei es hergebrachte Sitte, dass Dispensationen gewährt werden, und er wolle dafür Beispiele anführen, die er selbst sich aus den Werken der Väter gezogen habe. Auf Grund einer Dispensation habe sich Petrus vor den Juden versteckt [3]. Timotheus erhielt von dem Apostel Paulus die Erlaubnis, sich beschneiden zu lassen u. s. w. [4]. Auch war es eine Dispens, als Christus sich stellte, als ob er den Weg fortsetzte [5] und als ob er das nicht wüsste, was er wirklich wusste [6]. Der Psalmist verstellte sich vor Abimelech [7]. Josef von Aegypten sah seine Brüder hart an, obschon er sie kannte, und war gegen sie wie ein Fremder [8]. Rebekka bedeckte die Hände Jakobs mit den Fellen der Böcklein [9] . . . . alle diese Beispiele, sagt er, lassen sich nur erklären, wenn man die Dispensation zu Hülfe nehme. Es seien dies keine Lügen, sondern in Ansehung der guten Absicht gestattete Ausnahmen. Demnach habe Bonifatius gar keinen Grund, vor der Anwendung der Dispensation da zurückzuschaudern, wo das Gesetz seiner ganzen Strenge nach nicht zur Durchführung gelangen könne.

V. Kapitel.
§. 7. Der Begriff der Dispensation bis zum IX. Jahrhundert.
Zusammenfassung.

Wir haben gesehen, dass Cyrill, dem wir die erste Theorie über die Dispensation verdanken, als solche auffasst jede Abweichung von dem strengen Recht. Die im Laufe der Zeiten durch die veränderten Zustände notwendig werdende Abrogation und Derogation gilt ihm ebensowohl als Dispensation wie die nur für einen Einzelfall erfolgende Aufhebung der Wirksamkeit eines Rechtssatzes. Auch das Privilegium fällt unter diesen weiten Begriff. Dieselbe Auffassung haben wir konstatirt bei dem hl. Augustinus. Innocenz I., Leo I., Hilarius, Gelasius, Symmachus, Gregor I., Johann VIII., alle diese Päpste betrachten als Dispensation jede beliebige Ausnahme von dem

---

1) *Jaffé*, Monumenta Mog. Berol. 1866, ep. 55, p. 158. — 2) L. c. ep. 56, p. 165 sq. — 3) Gal. 2, 12. — 4) Acta, 16, 3. — 5) Luk. 24, 29. — 6) Luk. 8, 45; Joh. 11, 34. — 7) Ps. 33, 1. — 8) Genes. 42, 7. — 9) Genes. 27, 16.

strengen Recht. Es begründet keinen Unterschied, ob diese Ausnahmen ganz allgemeiner Natur, ob sie ein Gesetz ganz oder teilweise für die gesammte Gemeinschaft oder für einen Teil derselben aufheben, oder ob sie blos vorübergehenden Charakter haben und dabei zu Gunsten Aller oder nur Einzelner gemacht werden. Die orientalische Kirche kennt neben der gebräuchlichsten Bezeichnung οἰκονομία für die Dispensation noch συγχώρησις, κατάβασις, συγκατάβασις, συμπεριφορά, συγγνώμη, συμπάθεια, φιλανθρωπία, während die Lateiner dafür die Ausdrücke misericordia, humanitas, clementia, venia, indulgentia, remissio und dispensatio anwenden.

VI. Kapitel.
§. 8. Die Dispensationen ad faciendum.
Kritik der herrschenden Ansicht.

Bereits an früheren Stellen haben wir Veranlassung gehabt, darauf hinzuweisen, dass die theoretischen Darstellungen des Dispensationswesens in dieser Periode einen Unterschied zwischen Dispensen, die im *voraus*, und solchen, die erst *nach der That* erteilt werden, nicht kennen. Auf diese Frage soll nun hier des nähern eingegangen werden.

Bis in die Literatur der heutigen Zeit hat sich die Ansicht fortgeerbt, dass die Kirche in den früheren Jahrhunderten nur dann Dispensationen gewährte, wenn es sich darum handelte, ob ein schon bestehendes Verhältnis oder eine bereits gesetzte Thatsache, die im Widerspruch mit dem Gesetze zustande gekommen waren, geduldet, oder ihnen die rechtliche Anerkennung versagt werden sollte. Es hatte z. B. Jemand, obgleich er Bigame oder Neophyte war, die Weihen empfangen, oder es war zwischen zwei blutsverwandten Personen eine Ehe eingegangen worden. Hiernach hätte die Dispensation stets den Charakter einer *nachträglichen Gutheissung* gehabt. Diese Praxis herrschte angeblich bis zum XI. Jahrhundert, erst von diesem Zeitpunkt ab soll man *im voraus* die Setzung von verbotenen oder die Unterlassung von gebotenen Handlungen erlaubt haben. Nur wenige Autoren versetzen den Grenzpunkt der jüngern und ältern Praxis in das VIII. Jahrhundert.

J. H. Boehmer[1], der, den Franzosen Marca[2] und Thomassin[3] folgend, dieser Ansicht zuerst eine wissenschaftliche Grundlage zu geben versucht hat, sagt[1]: »Priscis temporibus ut plurimum tolerando

---

[1] Jus ecclesiasticum protestantium, Hal. 1740, IV., Dissertatio de romana ecclesia matre indulgentissima, §. 38; vgl. §. 41. — [2] L. c. l. 3. c. 14. n. 5; vgl. c. 13. n. 2; vgl. dazu *Boehmer*, Observationes, l. c. l. 3. c. 13. — [3] L. c. p. 2. l. 3. c. 24. n. 5. 20.

et dissimulando fiebat (dispensatio), ut actus contra leges susceptus haud impugnaretur, sed pro temporis praesentis ratione pacis causa admitteretur. In quo praxis antiqua ab hodierna differt longissime, secundum quam precibus solet obtineri, ut contra leges licite quid fiat«. Diese Ansicht vertreten ferner van Espen [1]), die Verfasser der Conférences écclesiastiques de Paris [2]), Casalis [3]) u. s. w. Die Literatur ist durchgängig dieser Auffassung gefolgt [4]), nur Phillips [5]) und neuerdings Hinschius [6]) machen eine Ausnahme, indem sie die herrschende Meinung als irrig bezeichnen, ohne jedoch dieser Frage besonders näher zu treten. In neuester Zeit hat dieselbe in dem Franzosen Esmein, der in seiner Geschichte des kanonischen Eherechts [7]) den Unterschied zwischen alter und neuer Praxis zu begründen sucht, einen entschiedenen Verfechter gefunden.

Nach der Auffassung von Esmein war die kirchliche Jurisdiktion in den ersten Jahrhunderten eine reine *Disziplinargewalt*, vermittelst welcher die Kirche von dem Klerus wie von den Gläubigen Rechenschaft über ihre Handlungen verlangte. Es handelte sich also hier stets darum, ob wegen der Verletzung der kirchlichen Vorschriften Strafe verhängt werden sollte oder nicht. Den Umständen des einzelnen Falles Rechnung tragend, liessen dann die kirchlichen Obern, anstatt die strengen Rechtssätze in Anwendung zu bringen, Milde und Gnade ergehen. *Nach erfolgter* Nichtbeobachtung eines Gesetzes durfte so der Uebertreter in dem durch sie begründeten Verhältnis wie in einem legitimen verbleiben. Dies sind die Prämissen, aus denen Esmein den Schluss zieht, dass die Dispensation während dieser Zeit sich einzig und allein darstelle als eine »répression disciplinaire« [8]), als Ausschluss von Strafen. In dieser Fassung bringt Esmein noch ein zweites Moment zum Ausdruck, das wir in Deutschland bereits

---

1) Dissertatio canonica de dispensationibus praesertim matrimonialibus, Opp. Lov. 1732, p. 4. c. 4. §. 2. — 2) Paris, 1773, 3, 82. — 3) Vindiciae iuris ecclesiastici, Rom. 1759, p. 191 sq. — 4) Namentlich gehören hierher alle Vertreter der episkopalistischen Richtung des vorigen Jahrhunderts; ferner *Eichhorn*, Deutsche Staats- und Rechtsgeschichte, Gött. 1842—44, §. 316; dessen Grundsätze des katholischen Kirchenrechts, Gött. 1831—33, 2, 19; *Scherer*, Handbuch des Kirchenrechts, Graz, 1886, 1, 172, *Richter-Dove-Kahl*, Lehrbuch des katholischen und evangelischen Kirchenrechts, Leipzig, 1886, S. 576; *Mejer*, Artikel Dispensation in der Real-Encyklopädie für protestantische Theologie und Kirche von Herzog und Plitt, Leipz. 1878, S. 632; *Heiner*, Katholisches Kirchenrecht, Paderb. 1893, 1, 174. — 5) Kirchenrecht, Regensburg, 1845 ff. 5, 174. — 6) *Hinschius*, System des katholischen Kirchenrechts in Deutschland, Berlin, 1869 ff. 3, 689. Anm. 1. — 7) Le mariage en droit canonique, Paris, 1891, 2, 316 s. — 8) L. c. p. 320.

durch Jacobson[1]) am schärfsten vertreten finden, welcher behauptet, die Dispensation bestand in früheren Zeiten in der *Absolution* von den weitern Folgen einer bereits geschehenen Gesetzesübertretung. Es werden also hier Absolution und Dispensation identifiziert.

Behufs näherer Prüfung des von uns bestrittenen Unterschieds zwischen einer älteren und einer jüngeren Praxis des Dispensationswesens müssen wir uns mit zwei Fragen beschäftigen: 1) Ist die Behauptung richtig, dass während der zehn ersten Jahrhunderte die Dispensation *gleichbedeutend* ist mit Absolution? und 2) Lässt sich die Ansicht aufrechterhalten, dass in dem angegebenen Zeitpunkt nur Dispensationen *nach bereits geschehener That* erteilt worden sind?

§. 9. Historische Gestaltung des Verhältnisses zwischen Dispensation und Absolution.

Den Ausgangspunkt für die Untersuchung der Frage, ob Dispensation und Absolution identifiziert werden können, legen wir in den Satz, dass bereits die ersten Quellen des Kirchenrechts bei den *gleichen* Verbrechen den *Geistlichen* ganz andere Strafen androhen als den *Laien*. Der 41. *Kanon* der apostolischen Verordnungen besagt[2]), dass ein Bischof, Presbyter oder Diakon, der dem Würfelspiel oder der Trunkenheit ergeben ist, entweder dieser Leidenschaft zu entsagen habe oder abgesetzt werden soll; der Subdiakon dagegen, der Kantor und der Lektor sollen wie die *Laien* aus der kirchlichen Gemeinschaft ausgeschlossen werden. Das Konzil von Elvira (306) setzt im Kanon 20. für wuchertreibende Kleriker die Degradation fest, während der Laie der Exkommunikation verfällt[3]). Dasselbe verordnet der Kanon 17. des Nizänum[4]). Nach dessen Verordnung soll ein Kleriker, welcher das Wucherverbot überschritten, aus dem Klerus ausgestossen (καθαιρεθήσεται τοῦ κλήρου καὶ ἀλλότριος τοῦ κανόνος ἔσται) und aus dem Verzeichnis gestrichen werden.

Wir erachten es nicht für notwendig, die angegebenen Beispiele noch um weitere zu vermehren. Aus den angeführten erhellt zur Genüge, dass die Kirche in derartigen Fällen eine scharfe Grenze zieht. Der Grund dieser verschiedenartigen Behandlung von Klerikern und Laien bei denselben Verbrechen liegt darin, dass nach der damaligen An-

---

1) Artikel Dispensation im Rechtslexikon für Juristen aller teutschen Staaten, von *Weiske*, Leipzig, 1841. S. 454; vgl. S. 450.
2) Vgl. c. 62. 57. 61. 48 der vierten karthagischen Synode, Hefele, 2, 73 f.; c. 2. Sardica, Hefele, 1, 559.
3) Hefele, 1, 163 = c. 5. D. 47; vgl. c. 43. Apostolorum.
4) Hefele, 1, 421 = c. 2. D. 47 und c. 8. C. 14. qu. 4.

schauung das Büsserleben mit der Würde des Klerikers unvereinbar galt. Zudem war die Versetzung eines Klerikers in den Laienstand an sich schon Strafe genug, und »bis de eodem delicto vindictam non exiges ¹).«

Die Kleriker, welche sich gewisse Verbrechen zu schulden kommen liessen, hatten sich vom Tage der Verurteilung ab als Laien zu betrachten. Sie wohnten wie diese dem Gottesdienst bei, nahmen teil an den Gebeten und Oblationen, empfingen die Sakramente, genossen überhaupt alle Wohlthaten, welche die Kirche ihren Mitgliedern zuwendet; auch der gegenseitige Verkehr zwischen ihnen und den übrigen Mitgliedern der Gemeinde erlitt keine Beschränkung ²). Nun ist aber doch denkbar und thatsächlich auch vorgekommen, dass einem solchen Verbrecher die Ausübung seiner Weihen nachher wieder gestattet wurde. Diese Nachsicht dokumentierte sich alsdann keineswegs vermittelst einer Absolution, denn diese ist die Wiederaufnahme von *Pönitenten* nach vollbrachter Busszeit. Sie bildet den Abschluss der Busse; wo also keine Busse verhängt, wo der Verbrecher gar nicht zu den Pönitenten gehört, da kann von einer Absolution auch keine Rede sein. Die fünfte karthagische Synode sagt ausdrücklich, wenn ein Kleriker eines schweren Verbrechens überführt und deswegen seines Amtes entsetzt worden sei, dann bedürfe es nicht der Handauflegung wie bei Pönitenten ³). In allen den Fällen, in denen degradierte Kleriker aus dem Laienstand in den Klerus wieder aufgenommen werden, ist demnach eine Absolution unbedingt ausgeschlossen. Der Strafzustand wird einfach dadurch gehoben, dass der kirchliche Obere dem Delinquenten die Erlaubnis giebt, seine Weihe wieder ausüben zu dürfen, dass er ihn von der Verpflichtung entbindet, dem ihn unter die Laien versetzenden Kanon weiter Folge zu leisten, d. h. *er erteilt ihm Dispensation.* Derartige Befreiungen sind zwar dispensationes post factum, sie beseitigen die Folgen einer bereits geschehenen Handlung, sind aber immerhin keine Absolutionen, von denen sich dieselben wesentlich unterscheiden. Sobald aber die Kleriker wie die Laien der öffentlichen Kirchenbusse unterworfen wurden, da änderte sich die Sache. Alsdann war die Absolution notwendig, aber nur zur Aufhebung des Büsserzustandes und hatte keineswegs an sich die Folge, dass der betreffende Kleriker durch den Akt der Wiederaufnahme in die Kirche nun zugleich auch wieder zur Ausübung seiner Weihebefugnisse ermächtigt war. Hiezu

---
1) c. 24. Apostolorum.
2) c. 19. Laodicaea, Hefele, 1, 763; c. 2. Agde = c. 21. D. 50, Hefele, 2, 650. — 3) Hefele, 1, 353.

bedurfte es eines besondern, von dem Akt der Wiederaufnahme juristisch verschiedenen Aktes, der Dispensation. Faktisch können allerdings beide Handlungen in solchen Fällen sehr oft zusammenfallen. Nur in diesem Sinne ist es also zu verstehen, wenn man sagt: Dispensationen und Absolutionen wurden früher »unter einem« erteilt [1]).

Zu demselben Resultat gelangen wir, wenn wir in Betracht ziehen, dass das kirchliche Recht für gewisse Verbrechen von *Klerikern* bald blos die *Irregularität*, bald die *Exkommunikation* verhängt. Nach der Verordnung des Konzils von Neozäsarea ist der Presbyter, welcher heiratet, nur irregulär (τῆς τάξεως αὐτὸν μετατίθεσθαι); falls er aber Ehebruch treibt, dann soll er aus dem Klerus ganz ausgeschlossen und unter die Büsser versetzt werden (ἐξωθεῖσθαι αὐτὸν τέλεον καὶ ἄγεσθαι αὐτὸν εἰς μετάνοιαν) [2]). Liegt blos Irregularität vor, so genügt die Dispensation, damit ein solcher Presbyter wieder Weihefunktionen verrichten kann. Im zweiten Falle aber wird der Büsser nach Ablauf der Busszeit vermittelst der Absolution nur ein gewöhnlicher Laie; die Ausübung der Weihebefugnisse ist ihm immer noch untersagt. Gerade diese Irregularität wird nur beseitigt durch die Dispensation. Der Reinigungsprozess vollzieht sich also hier in zwei wesentlich verschiedenen Akten: *zuerst* Absolution und *dann* Dispensation. Dieselben können getrennt sein, aber auch zusammenfallen, je nachdem sich der Obere streng oder milde zeigt und die Erteilung der Dispensation von der sichtlichen Besserung abhängig macht.

Der Schluss aus allen diesen Erwägungen lautet, dass es der historischen Wahrheit nicht entspricht, Absolution und Dispensation zu identifizieren. Sie sind ihrer innern Konstruktion nach von vornherein auf ganz verschiedene Funktionen hingerichtet, und wenn auch vorkommenden Falls Absolution und Dispensation »unter einem« erteilt werden, so berechtigt dies noch keineswegs dazu, eine Gleichheit ihrer *Begriffe* aufzustellen. Man muss alsdann diesen *einen* Akt von zwei verschiedenen Gesichtspunkten auffassen. Ferner ist auch zu bedenken, dass diese Fälle, in denen Absolution und Dispensation zugleich erteilt werden, die Ausnahme bilden gegenüber denjenigen, in welcher Absolution allein oder Dispensation allein gewährt wird.

---

1) *Fiebag*, De indole ac virtute dispensationum secundum principia iuris canonici, Breslau, 1867, p. 35; Scherer, a. a. O. S. 172 und andere.
2) C. 1. *Hefele*, 1, 244 = c. 9. D. 28.

Die Antwort auf die erste Frage, die wir gestellt haben, ist also die, dass Dispensation und Absolution, als wesentlich verschiedene Akte zu betrachten sind. Mag auch die Dispensation unter Umständen erst *nach* der That erteilt werden, um deren Rechtsnachtheile zu beseitigen, trotzdem ist sie keine Absolution [1]).

§. 10. Die Dispensationen ad faciendum.

Die Ansicht, als ob bis zum XI. Jahrhundert nur solche Dispensationen üblich waren, die den Charakter einer nachträglichen Gutheissung von verbotenen Handlungen oder von Unterlassungen gebotener Handlungen hatten, hat ihren Stützpunkt neben der bereits im vorigen Paragraphen zurückgewiesenen Auffassung von der Gleichheit, von Dispens und Absolution vornehmlich in den Beispielen von Dispensationen, die uns aus dieser Periode überliefert sind. An einige derselben werden wir unsere Untersuchung anknüpfen und so Kritik üben.

Ein unbestreitbares Beispiel einer Dispensation liegt vor in dem Schreiben des Papstes Sirizius an den Bischof Himerius von Tarragona, der ihm die in Spanien herrschende Unordnung und Lockerung der Kirchendiszipliu mitgeteilt hatte. Es waren hier nämlich trotz des Verbotes viele Büsser und Bigame geweiht, ja selbst auf Bischofsstühle erhoben worden. Papst Sirizius nun dispensierte dieselben von ihrer Irregularität und gestattete ihnen die Ausübung der erhaltenen Weihen [2]). Bislang hat man bei der Beurteilung dieses Falles das Hauptgewicht darauf gelegt, dass die Dispensation hier einen bereits geschehenen Akt zu heilen hat. Es lässt sich die Sache aber auch von einem andern Standpunkt auffassen. Worauf erstreckt sich hier denn die Wirkung der Dispens? Jedenfalls nicht auf die Thatsache der Gesetzesübertretung. Diese ist und bleibt geschehen. Sie gehört der Vergangenheit an, und Vergangenes kann selbst ein Gesetzgeber nicht ungeschehen machen. Was dieser thun kann, das ist die Beseitigung der an den betreffenden Thatbestand geknüpften Rechtsfolgen. Er vermag die Thatsache ihres juristischen Charakters zu entkleiden, den durch sie begründeten Zustand aufzuheben, d. h. die Verpflichtung, die durch die verbotene Ordination inkurrierte Irregularität zu tragen. Infolge der Sanierung der an sich mangelhaften, rechtswidrigen Thatsache werden aber berührt nicht allein die bereits *getragenen*, sondern auch die noch zu *tragenden*

---

1) Der Unterschied zwischen Dispensation und Absolution wird an späterer Stelle Gegenstand besonderer Untersuchung werden. Im Vorstehenden kam es blos auf die *geschichtliche* Seite an.

2) Ep. 6. n. 5, *Coustant*, l. c. 1, 661.

Rechtsnachteile. Die Dispensation entbindet den Irregulären zugleich davon, dem Gesetze, das die Irregularität über ihn verhängt hat, noch *fernerhin* Folge zu leisten. Von diesem Gesichtspunkte aus hat die *nach* der That erteilte Dispensation auch eine in die Zukunft gehende Wirkung. Die Dispensation zeigt also bei der Beseitigung der Irregularität einen gemischten Charakter, indem sie zwar erst nach der That gewährt wird, ihre Wirkung aber zugleich auf zukünftige Akte sich erstreckt. Anders verhält sich die Sache in einem zweiten Beispiel.

Das Konzil von Ankyra (314) giebt im 2. Kanon den Bischöfen die Erlaubnis, denjenigen Diakonen, welche unter Lizinius geopfert hatten, aber nachher wieder in den Schoss der Kirche zurückgekehrt waren, die über sie verhängte Suspension aufzuheben, und falls dieselben sich würdig zeigen, in höhere Weihegrade aufsteigen zu lassen [1]. Betrachtet man die hiermit in Aussicht gestellte Dispensation als die nachträgliche Gutheissung eines unerlaubten Aktes, so bleibt nichts anders übrig, als *den Abfall zum Götzendienst* als diejenige verbotene Handlung zu bezeichnen, die durch die Dispensation geheilt werden soll. Diese Annahme ist aber widersinnig. Infolge des Abfalls zum Heidentum wurden die Diakone zur Ausübung ihrer Weihebefugnisse unfähig; berührt wird also durch die Dispensation derjenige Rechtssatz, welcher die lapsi von dem Empfang der Weihen und deren Ausübung ausschliesst. Die Thatsache des Abfalls ist nur Voraussetzung für den Eintritt der Irregularität, ihre Veranlassung, und wird durch die nachher gewährte Dispensation in keiner Weise berührt. Die Dispensation beseitigt in diesem Falle nur die Verpflichtung, sich *fernerhin* als irregulär zu betrachten. Nicht aber erstreckt sich diese Heilung auf die Zeit *vor* der Rückkehr zur Kirche, da ja während derselben die Diakone aus der Gemeinschaft vollständig ausgeschlossen waren. Wir haben es also hier mit einer reinen dispensatio pro futuro zu thun.

Die Erwägungen, welche wir an die angeführten beiden Beispiele angeknüpft haben, lassen sich bei allen Dispensationen machen, welche post factum erteilt wurden. Teils haben dieselben einen gemischten Charakter, so dass sie sich auf *Vergangenheit und Zukunft* erstrecken, teils sind dieselben solcher Art, dass dadurch nur die Vornahme *zukünftiger* Handlungen gestattet wird. Es ist also nicht richtig, zwischen Dispensen, die vor der That und solchen, die erst nachträglich erteilt werden, eine so scharfe Grenze zu ziehen, wie

---

[1] *Hefele*, 1, 223.

dies bisher üblich war. Der Beschluss des Ankyranischen Konzils beweist dies ganz besonders, indem er denjenigen Diakonen, welche sich durch Eifer und Frömmigkeit auszeichnen, die Promotion in höhere Weihegrade in Aussicht stellt, sie also, nachdem sie auf Grund einer Dispens bereits ihre Weihen wieder ausüben durften, noch weitere Dispensationen erhoffen lässt. Auch hier haben wir es alsdann mit reinen dispensationes pro futuro zu thun.

Als Abkürzung der Strafe vor Ablauf der festgesetzten Zeit tritt uns die Dispensation in den früheren Jahrhunderten häufig entgegen. Sehr oft geschah es, dass der Bischof den Büssern einen Teil ihrer Busse erliess. Diese Kürzung geschah vermittelst einer Dispensation ad faciendum [1]). Cyprian berichtet, dass er den lapsi, die sich wieder unter die Fahne Christi stellten, die Strafe ganz erlassen habe [2]), und im Briefe an Antonian sagt er, nach den Verfolgungen hätten sich die Bischöfe versammelt und die Strenge der Gesetze gemildert, »temperamentum salubri moderatione temperavimus« [3]). Die Glosse zu c. 16. §. ceterum, v. suspensos, de electione in VI^{to}, 1, 6 bezeichnet ebenfalls eine derartige Nachsicht als dispensatio pro futuro, wenn sie sagt: »vere loquendo ibi poena non removetur, sed quod *ius statuit*, removetur«. Wenn den Gefallenen die Erlaubnis erteilt wird, in ihrem Ordo zu verbleiben, dann ist es ausser Zweifel, dass durch diese Nachsicht die Strenge der kanonischen Disziplin gebrochen wird, »vigor canonicae procul dubio frangitur disciplinae«, schreibt Papst Gregor I. an den Bischof von Mailand [4]). Obschon die Dispensation in diesem Fall nachträglich erteilt wird, d. h. zeitlich derjenigen Handlung folgt, welche das Dazwischen-

---

1) Deutlich findet sich diese Ansicht ausgesprochen bei den Dekretisten; vgl. hierüber an anderer Stelle. *Boehmer*, l. c. §. 26: »Quamvis, si verum fateri liceat, remittatur poena per leges ecclesiasticas alicui subeunda, et sic in hoc facto revera is, qui indulgentiam accepisse dicitur, liberetur a rigore legum, ne poenis promeritis se subdere teneatur, iusta causa id suadente, quo facto legum observantia recte dispensatur. Ita rectissime dici potest dispensationis species.« *Marca*, l. c. l. 3. c. 10. n. 3; *Jung*, Facta dispensationum episcopalium, Mog. 1787, §. 21; vgl. §. 24—76; *Phillips*, a. a. O. 5, 163; *Suarez*, de legibus, l. 6. c. 10. n. 9, Opp. Paris. — 2) Ep. 54 ad Cornelium, Migne, 3, 882; vgl. ep. 31. l. c. 4, 321.
3) L. c. 3, 791; vgl. ep. 20, 21; Balsamon zu c. 102 der trullanischen Synode: »In aliis quoque conciliis statutum est, ut qui est loci episcopus, qui a Sancti Spiritus gratia accepit potestatem ligandi ac solvendi, non ea omnia observet, quae de poenis a canonibus statuta sunt, sed eas modificetur habita ratione personarum, quibus infligitur, earum scilicet aetatum et affectionum et vita studiorum et etiam qualitatis peccati: et sic unicuique morbo afferat convenientem medicinam.« *Beveridge*, l. c. 1, 281; vgl. *Zonaras*, l. c. p. 282.
4) C. 1. D. 50.

treten einer Dispens notwendig macht, so ist sie doch eine dispensatio pro futuro, eine dispensatio *infringendi canonis*, indem sie im voraus gestattet, eine Strafe als abgebüsst zu betrachten, welche nach dem strengen Recht noch längere Zeit hindurch hätte getragen werden sollen. Von diesem Gesichtspunkte aus haben wir es also hier mit im voraus erteilten Dispensationen zu thun. Hinschius[1]) ist der Ansicht, dass Milderungen und Aufhebungen von erkannten Strafen *nicht* als Dispensationen zu betrachten seien. Nachdem wir aber nachgewiesen haben, dass nach der damaligen Auffassung als Dispensation jede Aufhebung von Rechtsverpflichtungen zu betrachten ist, liegt auf der Hand, dass wir auch den Strafänderungen und Strafaufhebungen den Charakter einer Dispensation beizulegen befugt sind[2]).

Denken wir uns ferner den Fall, dass Laien, welche der Häresie verfallen sind, in den Schoss der Kirche zurückkehren und nach ihrer Erprobung in den Klerus aufgenommen werden. Die Beseitigung der Irregularität ist hier nur denkbar in der Weise, dass der kirchliche Obere erklärt, der Weihekandidat sei nicht mehr zur Beobachtung des Gesetzes, welches die Irregularität über ihn verhängt hat, verpflichtet. Ein solcher erhält also Dispens *im voraus* für den Empfang der Ordination, gerade wie der Bigame, der Neophyte, welche trotz dieser Hindernisse zu den Weihen zugelassen werden.

Im Bisherigen haben wir unternommen, durch eine eingehende Untersuchung einiger regelmässig als Dispensationen post facta angeführten Beispiele, den Beweis zu liefern, dass es einerseits den geschichtlichen Thatsachen nicht entspricht, zwischen den Dispensen vor oder nach der That so scharf zu unterscheiden, wie man dies bisher gewohnt war, und dass anderseits die Anerkennung des Prinzips der nachträglich erteilten Dispens zugleich diejenige der im voraus gewährten in sich schliesst. Allerdings ist in den erwähnten Beispielen stets eine Beziehung zur Vergangenheit vorhanden. Allein die Quellen bieten auch hinlänglich Anhaltspunkte dafür, dass die früheren Jahrhunderte Dispensationen kennen, bei denen jede Beziehung zur Vergangenheit fehlt, die also, ohne dass irgend welche bereits vollzogene Thatsache mit im Spiele ist, die Setzung einer verbotenen oder die Unterlassung einer gebotenen Handlung im voraus gestatten.

Papst Sirizius berichtet, dass bereits zu seiner Zeit von gewissen Leuten häufig Versuche gemacht worden seien, behufs Erlangung der Bischofswürde von ihm Dispensationen zu erhalten:

---

1) A. a. O. 3, 789 Anm. 1. — 2) Uebrigens ist dies auch die Auffassung der gesammten Dekretisten- und Dekretalisten-Literatur. Vgl. hierüber an späterer Stelle.

»Frequenter ingeruntur auribus meis, ut episcopi esse possint, qui per traditionem et evangelicam disciplinam esse non possunt. Quantis hoc aliquoties certatum est viribus! Sed nihil tale potuit elici«[1]). Aus der Weigerung des Papstes, solchen *Bischofs*kandidaten die erbetene Dispensation zu erteilen, lässt sich aber keineswegs folgern, dass er auch für die *Priester-*, *Diakonats-* und *Subdiakonats*weihe die Dispens versagt haben würde. Denn wer das maius zu geben verweigert, schliesst damit noch lange nicht die Gewährung des minus aus. Ferner, wollte jemand, der rechtlich dazu unfähig war, die der Bischofsweihe untergeordneten Ordinationsgrade erhalten, so wandte er sich nicht an den Papst. Hierin war eben der *Bischof* damals die kompetente Behörde. Dieser erteilte solchen Weihekandidaten Dispensation, und zwar in der Regel im voraus, wenn auch stillschweigend. Man kann also nicht entgegenhalten, dass die Weigerung des Papstes sich auf *alle* Weihegrade bezieht. Durch das Zitat wird aber auch der Gedanke angeregt, dass das minus d. h. die Erteilung von Dispensationen für die unter dem Episkopat stehenden Weihegrade, gebräuchlich gewesen sein muss, denn nur unter dieser Voraussetzung konnten sich die von Sirizius getadelten Petenten von ihrer nach Rom gerichteten Bitte einen Erfolg versprechen. Dass solche Dispensationen gerade auf dem Gebiete des Ordinationswesens keine Seltenheit waren, beweist ja klar und deutlich der zweite Kanon des Konzils von Nizäa, wenn er sagt: »Πολλὰ ἤτοι ὑπὸ ἀνάγκης ἢ ἄλλως ἐπειγομένων τῶν ἀνθρώπων ἐγένετο παρὰ τὸν κανόνα τὸν ἐκκλησιαστικόν«[2]).

Dispensationen vom Fasten- und Abstinenzgebot finden sich seit Frühem in der Kirche, besonders nachdem die Fastenzeit verlängert worden war. Chrysostomus berichtet, dass man zu seiner Zeit hierin sich selbst dispensierte[3]). Diese Angabe ist ohne Zweifel so zu verstehen, dass man in Fällen, wo Schwäche des Körpers oder sonstige Not vorlag, nicht notwendig hatte, vorher die Erlaubnis der kirchlichen Obern einzuholen, denn derartige Gründe entbanden von jeher von der Beobachtung der betreffenden Gebote[4]). Wenn nun das Konzil von Gangra[5]) die Selbstdispensation ausdrücklich verwirft, und der hl. Basilius diejenigen, welche sich ohne Grund dispensieren, mit den schwersten Strafen bedroht[6]), so ist damit zu-

---

1) Ep. 6. n. 3, *Coustant*, l. c. 1, 661.
2) *Hefele*, 1, 377. — 3) Homilia 4, Migne, 63, 598.
4) *Augustinus*, Sermo 209, Migne, 38; vgl. *Linsenmeyer*, Die Entwickelung der kirchlichen Fastendisciplin bis zum Konzil von Nicäa, München 1877, S. 133 ff. — 5) C. 19, Hefele, 1, 787. — 6) Oratio II. de ieiunio, Migne, 31, 186.

gegeben, dass eine Dispensation durch den Obern als zulässig erachtet wurde. Um nicht bestraft zu werden, bedurfte man also einer Dispensation, und diese Dispensen waren um so häufiger, als die Fastengebote damals viel strenger waren als früher [1]). So benötigte man z. B., um Eier, Milch und Wein während der Fastenzeit geniessen zu dürfen, stets der kirchlichen Erlaubnis. Die Dispensationen, von denen hier die Rede ist, sind lauter Dispensen, die im voraus erteilt werden. Von Bischof Timotheus von Alexandrien, einem Schüler des hl. Athanasius, sind uns »Kanonische Antworten« erhalten; unter ihnen befindet sich die Frage, ob eine Frau, welche geboren hat, oder ein Kranker zur Beobachtung der Fastengebote verpflichtet sei. In beiden Fällen lautet die Antwort: Nein, ἀπολύεται. Hiezu bemerkt Balsamon, dass es solchen Personen gestattet sei, Wein und Fleisch zu geniessen »κατὰ τὴν κρίσιν τοῦ οἰκονομοῦντος« [2]). Einen merkwürdigen Fall einer Fastendispens berichtet Sozomenos [3]). Zu Sphiridion, dem Bischof von Trimithus auf Cypern, kam einstens während der Fastenzeit ein Fremder in grösster Ermüdung. Da der Bischof gerade keine andere Speisen zur Hand hatte als gesalzenes Schweinefleisch, setzte er dasselbe seinem Gast vor und ass auch selbst davon. Zu Gunsten der Gastfreundschaft machte Sphiridion also eine Ausnahme von der Regel [4]).

Einen weiteren Beweis für die Richtigkeit unserer Ansicht, dass bereits vor dem X. Jahrhundert im voraus Dispensen erteilt wurden, erblicken wir in dem Umstand, dass die Aussprüche über das Dispenswesen, wie sie bereits an früherer Stelle [5]) Erwähnung gefunden haben, die *vor* der That erteilten Dispensen eben so gut umfassen als diejenigen, welche *post factum* gewährt werden. Wir haben gesehen, dass Cyrill [6]), Augustinus [7]), Leo I. [8]), Gelasius [9]), Gregor I. [10]) und Johann VIII. [11]) auch die *vor* der beabsichtigten Handlung erteilte Dispensation in den Kreis ihrer Betrachtung ziehen.

---

1) *Traité des dispenses du carême*, Paris, 1709, p. 239 s.: »Les dispenses ne consistaient donc pas seulement en ce qu'on permettait de faire gras, la seule chose sur laquelle on demande aujourd'hui des permissions; mais alors que tout était respectable dans la religion, on se faisait une loi de ne se rien permettre sans l'avis des supérieurs. Non seulement la liberté d'user plus ou moins et à certaines heures de certains alimens faisait la matière des dispenses; on demandait comme autant de graces les permissions d'user le lait, d'oeufs et du vin.«

2) Migne, 33 1503. — 3) Hist. eccl. l. 11, Migne 67, 885. — 4) Vgl. *Linsenmeier*, a. a. O. S. 136; *Traité des dispenses du carême*, p. 338. — 5) §. 3 und 5 der Abhandlung. — 6) S. 20 f. — 7) S. 23. — 8) S. 28. — 9) S. 29 f. — 10) S. 32 f. — 11) S. 33 f.

Die Glosse zu v. ordinentur c. 7. C. 1. qu. 7 sagt ganz richtig: »Ordinentur, id est ut promoveantur vel ordinentur, si ante non fuerint ordinati vel forte extra formas ecclesiae«. Die Unterscheidung zwischen Dispensationen ad faciendum und post factum begegnet uns zum ersten Mal in der Summe Rufins, woselbst er sagt: Item notandum est, ut eum dispensatio admittatur, aliquando in factis aliquando in faciendis.« Dabei erwähnt er in keiner Weise, dass die Praxis seiner Zeit von der früheren abweiche [1]). Gleichsam zusammenfassend, wollen wir hier noch ein Argument erwähnen, das allen den oben erwähnten Aussprüchen über die Dispensation gemeinsam ist. Die Beispiele von Dispensationen, welche jene Autoren und Päpste anführen, um dem Dispenswesen eine biblische Grundlage zu geben, sind mit nur ganz geringer Ausnahme lauter solche, in denen die Erlaubnis zu einer beabsichtigten Handlung der That selbst *vorausgeht* oder als vorausgehend angenommen wird. Sollten nun gerade solche Beispiele dazu dienen, um zu beweisen, dass Dispensationen ganz *derselben* Art gar nicht vorgekommen seien? Ein solcher Schluss ist offenbar widersinnig; vielmehr folgt daraus, dass das Prinzip der in antecessum erteilten Dispensation ebenso anerkannt und praktisch gehandhabt wurde wie dasjenige der post factum gewährten. Beide Kategorieen von Dispensen kamen von vornherein *neben* einander vor.

In einem Brief des Papstes Martin I. ist das Prinzip der Dispensation pro futuro so deutlich ausgesprochen, dass kein Zweifel mehr in dieser Frage herrschen kann. Daselbst heisst es: »Novit canon afflictorum temporum persecutionibus veniam tribuere, *in quibus contemptus non praecessit*, praevaricationem redarguens, sed angustia magis et penuria, quae propter necessitatem ex misericordia cogit multam diligentiam praetermittere« [2]). Hiernach schliesst der Papst keineswegs diejenigen Fälle aus, in denen vor vollbrachter That Dispens verlangt wird, indem er sagt, dass die Not manchmal zwingt, von der Anwendung der vollen Strenge des Gesetzes Abstand zu nehmen, im Gegenteil, gerade dann, wenn *contemptus* praecessit, wenn also die Uebertretung bereits geschehen ist, soll von Dispensation keine Rede sein. In denjenigen Fällen dagegen, »in quibus *angustia et penuria praecessit*«, da ist der kirchliche Obere zur Dispenserteilung verpflichtet. Eine derartige Sprache im Munde des höchsten Dispensators lässt sich doch wohl nur erklären, wenn man anerkennt, dass die im voraus erteilten Dispensen nicht zu den Sel-

---

1) Ed. *Schulte*, Giessen, 1892, p. 206, zu c. 5. C. 1. qu. 7.
2) *Mansi*, 10, 811; vgl. S. 33. Anm. 3.

tenheiten gehörten, wie man es bis jetzt zu glauben gewohnt war. Ueberdies gilt das Zeugnis dieses Papstes nicht allein für seine Zeit, sondern er sagt selbst, dass das Recht diese Dispensen längst anerkannt hätte: »*Novit canon* veniam tribuere«. Die Bedeutung solcher im voraus gewährter Dispensen findet der Papst darin, dass sie die Uebertretungen des Gesetzes verhüten. In dieser Beziehung ist Thomassin ganz anderer Ansicht, wenn er behauptet, dass die Dispensen ante factum die Begehung einer Sünde gestatten[1]), und aus diesem Grunde ihre Erteilung eine so grosse Seltenheit war.

Namentlich ist es ein Institut, das wir nur auf Grund einer dispensatio ante factum erklären können, nämlich die Versetzung eines Bischofes in eine andere Diözese, die sog. Translation. Es war damals die Rechtsanschauung herrschend, dass eine Versetzung mit Genehmigung der Provinzialsynode stattfinden konnte[2]). In jedem einzelnen Fall sollte genau untersucht werden, ob eine causa die Notwendigkeit oder Nützlichkeit hinreichend begründete und die Versetzung so zulässig wäre. Eine Entbindung von der rechtlichen Vorschrift war also nicht mehr notwendig, da auf dem Wege der restriktiven Interpretation erklärt wurde, das Verbot hätte von vornherein den fraglichen Fall gar nicht ergreifen wollen. So urteilt die heutige Theorie. Die zeitgenössische Auffassung ist aber eine andere, und da wir die geschichtliche Entwicklung eines Rechtsinstituts untersuchen, so müssen wir diese unserer Darstellung zu Grunde legen und dürfen Auffassungen späterer Zeit in eine frühere nicht hineintragen. Die Versetzung des Bischofs Euphronius von Koloniä nach Nikopolis bezeichnet der hl. Basilius als „οἰκονομία καλή" [3]), indem er darauf hinweist, dass die durch die Translation zu erwartenden Vorteile die Zulassung einer *Ausnahme* von dem Verbot[4]) hinreichend motivieren. Sokrates erwähnt in seiner Kirchengeschichte allein 11 Beispiele von Versetzungen[5]). Wir halten es

---

1) L. c. c. 24. n. 20: »In leges committere volunt nec peccare; immo peccare volunt, sed non sine licentia; pontifices ipsos, iudices legesque flagitii sui invidia conspergere volunt.« Die von Thomassin zum Beweise seiner Ansicht angeführte Stelle aus einer Dekretale des Papstes Sirizius besagt nur, dass der Papst den Bischöfen verbietet, die Kanones zu verletzen, weiter gar nichts. Dasselbe gilt von dem zweiten Zitat aus einem Schreiben von Innozenz I.

2) *Hinschius*, a. a. O. 3, 306 ff. — 3) Vgl. S. 21. Anm. 3. — 4) Vgl. Dissertatio de translatione episcoporum, bei *Schmidt*, Thesaurus iuris ecclesiastici, Heidelberg. 1774, 3, 30 sqq.; Synode von Arles (314), c. 2, *Hefele*, 1, 205; c. 15. Nicäa, *Hefele*, 1, 419; c. 15 (14) Apostolorum, *Hefele*, 1, 804. — 5) 5, 8.

nicht für notwendig, auf diese Frage des weiteren einzugehen. Für uns ist nur wichtig, dass nach der damaligen Anschauung die Versetzung von Bischöfen in andere Bistümer sich auf dem Wege einer Dispensation vollzog, und zwar war dies eine Dispensation ad faciendum.

In unserer Ansicht werden wir ferner bekräftigt, wenn wir das entwickelte Dispenswesen in Betracht ziehen, wie es uns im römischen Staat entgegentritt, von dessen Recht die Kirche bei der Bildung und Durchführung ihrer Rechtsordnung offenbar beeinflusst war. Die Römer kennen, abgesehen von der auf dem Gebiete des Strafrechts und der als restitutio in integrum gebräuchlichen Dispensation, die dispensatio nur als Ausnahme, die *im voraus* erteilt wird. Hierher gehören z. B. die Entbindung einer Witwe von der Beobachtung des Trauerjahres, die venia aetatis, die Gestattung der Adoption seitens einer Frau, die Erlaubnis der testamenti factio für eine rechtlich hiezu unfähige Person, die vielen Ehedispensen, welche in der Regel nur *vor* Eingehung der Ehe gewährt wurden. Es sei gestattet, an dieser Stelle ein Dispensreskript [1]) zu erwähnen, welches uns Cassiodor in seinen Variae überliefert hat, einer Sammlung von Instruktionen und Formularen. Das Reskript stammt aus der Regierungszeit Theodorichs des Grossen und bietet einen interessanten Einblick in die Auffassung, welche man damals von der Dispensation hatte: »Institutio divinarum legum humano iuri ministrat exordium, quando in illis capitibus legitur praeceptum, quae duabus tabulis probantur ascripta. Sacer enim Moyses divina institutione formatus israelitico populo inter alia definivit, ut concubitus suos a vicinitate pii sanguinis abstinerent, ne et se in proximitatem redeundo polluerent et dilatationem providam in genus extraneum non haberent. Hoc prudentes viri sequentes exemplum multo longius pudicam observantiam posteris transmiserunt, reservantes principi tantum beneficium, consobrinis nuptiali copulatione iungendis: intelligentes rarius posse praesumi, quod a principe iusserant postulari. Admiramur inventum et temperiem rerum stupenda consideratione laudamus, hoc ad principis fuisse remissum iudicium, ut qui populorum mores regebat, ipse et moderata concupiscentiae frena laxaret. Et ideo supplicationum tuarum tenore permoti, si tibi tantum illa consobrini sanguinis vicinitate coniungitur nec alio gradu proximior approbaris, matrimonio tuo decernimus esse sociandam nullamque vobis exinde

---

1) *Monumenta Germaniae historica*, Berol. 1894, Var. l. 7. form. 46, p. 225 sq.

iubemus fieri quaestionem; quando et leges nostra permitti voluntate consentiunt et vota vestra praesentis auctoritatis beneficia firmaverunt. Erunt vobis itaque Deo favente posteri solemniter haeredes, castum matrimonium, gloriosa permixtio, quoniam quidquid a nobis fieri praecipitur, necesse est, ut non culpis sed laudibus applicetur.« In diesem Reskript gestattet Theodorich die Ehe zwischen verwandten Personen. Da die Kirche in diesen Zeiten sich nach den weltlichen Ehegesetzen richtete, so müssen wir daraus den Schluss ziehen, dass sie solchen auf Grund staatlicher Dispensation zu Stande gekommenen Verbindungen die Anerkennung vor ihrem Forum nicht versagte. Dies änderte sich, als die Kirche anfieng, die Ehe nach eigenen Grundsätzen zu regeln [1]). In verwandtschaftlichen Graden liess man Ehen überhaupt nicht mehr zu; waren solche trotzdem eingegangen, so mussten sich die Eheleute trennen, sofern das Hindernis nicht den vierten Grad überstieg. Allein wir brauchen Ehedispensen nicht ausschliesslich auf dem Boden der Blutsverwandschaft oder der Schwägerschaft zu suchen. Ehedispensen sind auch möglich für das Hindernis der Busse, der geschlossenen Zeit, des Trauerjahres u. s. w., und aller Wahrscheinlichkeit nach ist die Kirche bei diesen Impedimenten vor einer Dispensation nicht so sehr zurückgeschreckt wie in den Fällen, wo es sich um Consanguinität oder Affinität handelte. Leo der Philosoph, der im J. 886 den byzantinischen Kaiserthron bestieg, sagt in der 109. Novelle, dass der Kaiser zur Eingehung der Ehe vor der vorgeschriebenen Zeit sehr oft Dispens zu ertheilen und die priesterliche Einsegnung zu gestatten pflege [2]). Dieses Zeugnis ist für uns äusserst wichtig. Wir ersehen daraus, dass die orientalische Kirche, welche sonst mit der grössten Strenge auf dem Verbot der Ehen zwischen Verwandten und Verschwägerten beharrte, trotzdem, wo *andere* Hindernisse zu beseitigen waren, sich gnädig und milde gezeigt hat. Dies gilt ganz analog auch von dem Occident. Auf diese Weise eröffnet sich also für die Dispensationen *vor* der That ein grosses Gebiet, auf dem dieselben, wie auf dem der Ordination, ohne Zweifel sehr gebräuchlich waren.

Nicht allein das römische, auch das fränkische Recht kennt die Dispensation als die im voraus erteilte Entbindung von einer gesetzlichen Vorschrift. Es ist bekannt, dass die fränkischen Könige kraft

---

1) Vgl. §. 14. — 2) »Εἰ δὲ βασιλεύς, οἷα πολλὰ συμβαίνει πράττων οἰκονομίαν τινα καὶ μνηστείαν καὶ τὴν ἐξ ἱερολογίας συνάρμοσιν τοῖς μνηστευομένοις ἐνδον τῶν διορισθέντων ἐτῶν ἐπιψηφιεῖται, τοῦτο πρὸς τὸν νόμον οὐδὲν ἀντικείσεται.« *Zhismann*, a. a. O. S. 150.

ihres Dispensationsrechts nach Belieben Befreiungen und Privilegien erteilten [1]).

Als im voraus gewährte Dispensen könnten wir hier noch erwähnen die Erteilung von Privilegien und Exemptionen, welche alle nach dem damals herrschenden Begriff als Dispensationen zu betrachten sind. Allein es kommt uns hier lediglich darauf an, nachzuweisen, dass die Dispensation in ihrer heutigen Bedeutung als Aufhebung der Wirksamkeit eines Rechtssatzes in Einzelfällen während der Zeit vor dem XI. Jahrhundert auch in der Form gebräuchlich war, dass sie vor der beabsichtigten Handlung gestattet wurde.

Es bleibt uns noch übrig, die Beispiele von im voraus erteilten Dispensen zu erwähnen, welche von der Geschichte uns überliefert worden sind. Der hl. *Ambrosius* wurde zum Bischof von Mailand gewählt zu einer Zeit, wo er noch ungetauft und Laie war. Er erhielt zugleich die Taufe und die Bischofsweihe. All sein Weigern half nichts; er musste nachgeben. »Ordinationem meam occidentales episcopi iudicio, orientales etiam *exemplo* probarunt«, sagt er selbst, et tamen neophytus prohibetur ordinari, ne extollatur superbia. Si dilatio ordinationi defuit, vis cogentis est; si non deest humilitas competens sacerdotio, ubi *causa non haeret,* vitium non impugnatur« [2]). Erklärt er sich mit diesen Worten nicht *selbst* bereit, unter gewissen Bedingungen Dispens zu erteilen, wenn es sich um die Weihe eines Neophyten handelt? Auf Drängen des greisen Bischofs Valerius von Hippo und des gesammten Volkes wurde *Augustinus* zum Bischof dieser Stadt geweiht, da man ihn allein für die geeignete Person hielt [3]), und doch war seine Ordination dem Rechte zuwider, das ausdrücklich verbot, dass ein Bischof noch zu seinen Lebzeiten seinen Nachfolger bestimme, und dass in einer Diözese zwei Bischöfe seien. *Origenes* erhielt trotz des Vorhandenseins zweier Impedimente die Priesterweihe: er war Angehöriger einer fremden Diözese und ausserdem Eunuch [4]). Diese unkanonische Weihe blieb unangefochten, so sehr auch des Origenes Ordinarius, Demetrius von Alexandrien, dagegen war [5]). *Timotheus von Alexandrien* († 385) weihte den Abt Ammonius, der »ob auriculae spontaneam amputationem« irregulär war, zum Bischof. Bei der Weihe sagte Timotheus: »Οὗτος ὁ νόμος παρὰ Ἰουδαίοις πολιτευέσθω. ἐμοὶ δὲ καὶ ῥινότμητον ἐὰν ἐνέγκητε, μόνον

---

1) *Schröder*, Lehrbuch der deutschen Rechtsgeschichte, Leipzig 1894, S. 117; *Brunner*, Deutsche Rechtsgeschichte, Leipzig, 1892, 2, 215.
2) c. 9. D. 61; *Sozomenos*, Hist. eccl. 6, 24. — 3) C. 12. C. 7. qu. 1.
4) Vgl. *Vita S. Augustini*, auctore Possidonio, c. 4. Migne, 22, 36.
5) *Eusebius*, Hist. eccl. 6, 23, Migne, 20, 576, Anm. 46.

ἄξιον τοῖς τρόποις ὄντα χειροτονῶ« ¹). *Theodoret* schreibt in seinem Brief an Domnus, den Bischof von Antiochien, dass er betreffs der Ordination der Bigamen einer alten Gewohnheit folge. Sein Vorgänger auf dem Bischofsstuhle von Cyrus sowie der Bischof Praylus von Cäsarea hätten sehr oft Bigame geweiht. Aber nicht blos von der Bigamie seien Dispensationen erteilt worden, sondern auch in andern Fällen (multa etiam alia huiusmodi) habe Proklus, der Bischof von Konstantinopel, sich Dispensationen erlaubt, wie auch alle Bischöfe der Provinzen Pontus und Palästina. Warum sollte man auch nicht, fragt Theodoret, zu Gunsten eines Mannes, wenn dessen Weihe das eine oder andere rechtliche Hindernis entgegensteht, Ausnahmen von dem strengen Recht machen, vorausgesetzt, dass ihn sonst seine Eigenschaften hinreichend empfehlen ²)? Von demselben Proklus berichtet Sokrates ³), dass er ohne weiteres einen Senator, namens Thalassius, zum Bischof von Cäsarea geweiht habe. Das Volk hatte ihn auserwählt und verlangte seine Taufe (ἔτι γὰρ ἀμύητος ἦν). Thalassius erhielt alsdann zugleich die Taufe und die Priesterweihe: »ἅμα δὲ ἐμυήθη καὶ τὴν χειροτονίαν παρέλαβε«. Wir sehen also hier die Thatsache bestätigt, dass es der damaligen Kirche nicht darauf ankam, dass das Gesetz dem Buchstaben nach streng durchgeführt würde. Es hätte ihr offenbar den grössten Schaden gebracht, wenn sie rein aus Liebe zum starren Gesetz die fähigsten und tüchtigsten Männer von den kirchlichen Würden ausgeschlossen hätte. In solchen Fällen machte man eben Ausnahmen von der Regel vermittelst der Dispensation. Nikephorus Kallista erzählt, dass ein gewisser Synesius, obgleich er einigen platonischen Lehren nicht entsagen wollte, dennoch »κατ' οἰκονομίαν« zum Priester geweiht worden sei, da derselbe durch seinen Eifer und seine Tüchtigkeit der Kirche von grossem Nutzen sein konnte ⁴).

Das II. Konzil von Konstantinopel machte den Prätor Nektarius zum Bischof dieser Stadt. Trotzdem von den Gegnern auf das Gesetzwidrige dieser Weihe hingewiesen wurde, glaubte man doch, in diesem Fall zur Gewährung einer Ausnahme befugt zu sein, da allgemein Nektarius für diejenige Persönlichkeit gehalten wurde, die allein unter den damaligen Umständen zur Leitung der Kirche Konstantinopels fähig war ⁵). Die Synode richtete nachher an den Papst ein

---

1) *Palladius*, Hist. Laus. c. 12. p. 914, Migne, 23, 1205.
2) *Sirmond*, Μακαρίου Θεοδορίτου τοῦ ἐπισκόπου Κύρου ἄπαντα, Paris. 1642, ep. 110, 3, 980. — 3) Hist. eccl. l. 7. c. 48. — 4) L. 14. c. 55. Migne, 146, 1258. — 5) *Socrates*, l. c. l. 7. c. 8; *Sozomenos*, l. c. l. 7. c. 8.

Schreiben, in welchem diese Wahl gerechtfertigt wurde [1]). Wie Gregor von Nazianz berichtet, weihten die Bischöfe der Provinz Kappadozien einen Laien zum ἐπίσκοπος [2]). Das I. Konzil von Ephesus (431) gestattete dem Erzbischof Eustathius, auf sein Bistum zu verzichten und die Würde und den Titel eines Bischofs beizubehalten, obgleich dies damals strengstens verboten war [3]). Durch den Einfluss des Sidonius Apollinaris († ca. 482) wurde Simplizius, ein Laie, auf den Bischofsstuhl von Bourges erhoben. In der zu Gunsten seines Kandidaten gehaltenen Rede hob Sidonius es als einen Vorzug desselben hervor, dass er über den Parteiungen stehe, und dies desshalb eine Abweichung von der Regel genügend rechtfertige [4]).

J. J. 494 gab Papst *Gelasius* den Bischöfen von Lukanien, Bruttium und Sizilien die Fakultät, für so lange von der Einhaltung der beim Weiheempfang vorgeschriebenen Interstizien Dispensationen zu erteilen, als bis dem herrschenden Priestermangel abgeholfen sei. Laien durften innerhalb achtzehn Monaten, Mönche innerhalb eines Jahres bis zum Presbyterat aufsteigen [5]). Der Papst nennt diese Nachsicht, welche die spatia als dispensanda erklärt [6]), eine »dispensatio coelestis [7]).«

C. 7. D. 34 enthält ein Dispensdekret für einen Bigamen, erlassen seitens des Papstes *Pelagius* [8]).

Im 3. Kanon des I. Konzils von Toledo heisst es, dass der Lektor, welcher eine Witwe heiratet, auf seine Würde zu verzichten hat. *Martin von Braga* hat diese Bestimmung als Kanon 43 in seine Sammlung aufgenommen, jedoch mit einem Zusatz, der für uns sehr wichtig ist: »Aut si forte necessitas sit, subdiaconus fiat;

---

1) *Theodoret*, Hist. eccl. l. 5. c. 8; vgl. *Fuchs*, Bibliothek der Kirchenversammlungen, Leipzig, 1781, 2, 42; Nektarius wurde nicht vom Kaiser ernannt, wie Löning a. a. O. 1, 128 annimmt, sondern von der Synode gewählt, vgl. Staudemaier, Geschichte der Bischofswahlen, Tüb. 1830, S. 36 f.
2) Sermo 19, Migne, 35, 1062. — 3) Im Briefe der zu Ephesus versammelten Konzilsväter an die Synode der Provinz Pamphylia heisst es: Συνηλγήσαμεν ἅπαντες τῷ πρεσβύτῃ,« *Beveridge* 1 c. 1, 106. Hiezu bemerkt Balsamon, l. c. p. 107: Dies sei auf Grund einer Dispensation geschehen. Manche verlangen nun dieselbe Nachsicht, sie kann ihnen aber nicht gewährt werden. Quod enim a patribus definitum est, ex dispensationis gratia ratione definitum est; et non opportet, quod per dispensationem propter aliquid utile introductum est, ad exemplum trahi et tanquam canonem deinceps valere . . . . . Porro et hanc dispensationem existimo non inconsiderate factam esse.« Vgl. hiezu auch die Scholie von Zonaras, l. c. p. 109 sq. — 4) Ep. 7. c. 9. — 5) *Thiel*, l. c. c. 2. p. p. 362; vgl. S. 32 f. — 6) S. 31. — 7) *Thiel*, l. c. c. 9. p. 364 — 8) Vgl. S. 32.

nihil autem supra. Similiter et si bigamus fuerit¹).« Wo also die Not die Weihe eines Bigamen verlangt, darf der Bischof im voraus dispensieren. Da die II. Synode von Braga (572) die Kanonensammlung Martins anerkannt hat, so folgt daraus, dass die Erteilung solcher Dispensen zum voraus die Zustimmung der Synode hatte.

Aus den Schriften *Gregors des Grossen* lassen sich viele Beispiele dafür erbringen, dass zu seiner Zeit die im voraus erfolgende Gewährung von Dispensen schon längst gebräuchlich war. Gregor erteilte dem Abt Probus von St. Andreas die Fakultät, über seine Hinterlassenschaft ein Testament zu errichten. Dieser hatte ihn gebeten: »Fas mihi sit de omnibus rebus meis voluntatem meam disponere.« Gregor willfuhr seiner Bitte²). Demselben Papst klagte ein italienischer Bischof die infolge des starken Priestermangels in seiner Diözese herrschende Not. Als Abhilfe derselben schlug er vor, von den Mönchen seines Sprengels sich geeignete heraussuchen und zum Priester weihen zu dürfen. Daraufhin antwortete der Papst, dass der Erteilung solcher Dispensationen nichts im Wege stehe³). Hierher gehören auch die Dispensen von der Residenzpflicht, welche Gregor den Aebten gewährte für den Fall, dass es sich um eine Romreise handelte⁴). Nicht selten erhielten auch Bischöfe solche Dispensationen⁵). Ganz besonderer Erwähnung verdient aber hier die von demselben Papst den Engländern erteilte Dispens, auf Grund welcher er ihnen die Ehen zwischen Geschwisterenkeln freigab⁶). Diese Dispensation war etwas ganz Neues, etwas Aussergewöhnliches, nicht deswegen, weil sie im voraus die Setzung sonst verbotener Handlungen gestattete, sondern weil sie sich auf das Gebiet des Eherechts erstreckte, auf dem man bis jetzt die allergrösste Strenge anzuwenden gewohnt war. Dieser Umstand ist auch ohne Zweifel die Veranlassung gewesen zu dem Pseudobriefwechsel zwischen Gregor und Bischof Felix von Messina. Mögen die beiden Briefe auch gefälscht sein, immerhin spiegelt sich darin die Anschauung jener Zeit ab, in welcher sie entstanden, und diese fällt offenbar nicht viel später als die Regierung Gregors. Die

---

1) *Voelli et Justelli*, l. c. 1, XXIV. — 2) Opp., l. c. 9, 16 (appendix ad epistolas). — 3) L. c. l. 5 ep. 27: »Praesentibus vobis licentiam damus epistolis, monachos de monasteriis in tua parvocia positis cum consensu abbatis sui tollere et presbyteros ordinare.« — 4) L. 8. ep. 15, l. c. 8, 18. — 5) L. c. L. 9. ep. 48, 8, 83. — 6) L. 11. ep. 64, l. c. 2, 1154: »Unde necesse est, ut iam tertia vel quarta generatio fidelium licenter inter se iungi debeat. Nam secunda, quam diximus, a se omnimodo debet abstinere.«

Nachsicht, welche der Papst den Engländern gewährt habe, schreibt Felix, sei in seiner Diözese nicht bekannt. Von Alters her gelte das Eheverbot der Verwandtschaft bis zum siebenten Grad; von einer Abweichung finde sich in den Dekretalen früherer Päpste keine Spur[1]). In dem gefälschten Antwortschreiben hierauf weist der Papst darauf hin, dass die dem Augustinus erteilten Dispensfakultäten sich nur auf die neubekehrten Engländer beziehen. Er habe dem Druck der Verhältnisse nachgegeben, damit das englische Volk, das eben erst für die Kirche gewonnen worden sei, durch allzustrenge Handhabung der Gesetze nicht vom Christentum zurückgestossen würde. Er habe hier keine Vorschrift, sondern einen Rat, keine allgemeine Regel, sondern nur eine vorübergehende Ausnahme zugelassen, da von zwei Gefahren diejenige am leichtesten zu ertragen und darum vorzuziehen sei, welche am wenigsten Schaden verursache[2]). In seiner Biographie Gregors sagt *Johannes Diakonus*, dass der Papst diese Ausnahme *dispensatorie* zugelassen habe, und fügt hinzu: »Haec ergo idcirco perstringenda curavi, ut hi, qui *occasione novae dispensationis* illicita matrimonia contrahant, eruditissimum Papam Gregorium non regulariter quartae generationis copulam censuisse, imo venialiter simulque temporaliter permisisse cognoscunt[3]). In demselben Sinne spricht sich hierüber aus *Johannes von Orleans* in seinem Liber de institutione laicali[4]). Das Aussergewöhnliche an dieser den Engländern gewährten Dispensation ergiebt sich auch aus einem Brief des hl. Bonifatius an den Erzbischof Nothelm von Kanterbury. In diesem Briefe bittet der Apostel der Deutschen um Uebersendung des Antwortschreibens, das Gregor I. an den heiligen Augustinus betreffs der von diesem gestellten Fragen gerichtet hatte. Bonifatius bezweifelt nämlich dessen Echtheit, da in der römischen Kanzlei kein Exemplar desselben mehr aufzufinden sei[5]).

Den neubekehrten Germanen gewährte Papst Gregor II. auf Bitten des hl. Bonifatius (726) eine Dispensation, welche derjenigen ähnlich ist, die einst die Engländer von Gregor dem Grossen erhalten hatten. Mit Rücksicht darauf, dass die Deutschen erst kurze Zeit den Glauben der Kirche angenommen, wurde ihnen nämlich die Abschliessung von Ehen im V., VI. und VII. Grade der Blutsver-

---

1) *Mansi*, 12, 224; *Jaffé*, n. 1843; vgl. *Freisen*, a. a. O. S. 380, Anm. 26. — 2) Opp. Gregorii Mag. l. 14. cp. 17 = c. 20. C. 35. qu. 2.
3) Lib. 2. Sancti *Gregorii* Papae vitae, Opp. Greg. l. c. 15, 308.
4) L. 2. c. 8, *Dachery*, Spicilegium, 1, 284; vgl. *Petrus Damianus*, Tractatus de parentelae gradibus. c. 7, Opp. Paris. 1642, p. 80 sq.
5) *Jaffé*, Monumenta Moguntiana, Berol. 1866, p. 96.

wandtschaft gestattet, »quia temperantia magis et praesertim in tam barbaram gentem placet plus quam districtione censurae, concedendum est, ut post quartam generationem iungantur« [1]). Nach der Auffassung Freisens [2]) enthält diese Verordnung Gregors II. keine Dispensation, sondern sie gehört in die Lehre von der Entwickelung des Ehehindernisses der Verwandtschaft. Dies ist offenbar nicht richtig. Bonifatius verlangte jedenfalls nicht eine dauernde Milderung der römischen Ehegesetze überhaupt, sondern nur eine vorübergehende Nachsicht, und so sehen wir, dass Gregor III. i. J. 732 diese Dispens zurücknahm, indem er an den hl. Bonifatius schrieb: »progeniem vero suam unumquemque usque ad septimum observare decernimus gradum« (c. 16. C. 35. qu. 2) [3]). Es ist also die betreffende Ausnahme eine Dispensation, eine »temperantia districtionis censurae«, wie sich Gregor II. selbst ausdrückt.

In der Biographie des hl. Bonifatius berichtet Willibald, dass derselbe sich weigerte, der Nachfolger des hl. Willibrord zu werden unter Hinweis darauf, dass er das vorgeschriebene Alter noch nicht hätte. Zur Beseitigung dieses Hindernisses hielt er eine Dispensation des hl. Stuhles für notwendig und gieng nach Rom, um persönlich eine solche nachzusuchen. Sie wurde ihm auch gewährt [4]). Eine zweite Dispensation wurde Bonifatius i. J. 748 zu teil, indem Zacharias I. ihm auf seine Bitten gestattete, in seiner Sterbestunde sich einen Nachfolger bestellen zu dürfen, was ausdrücklich verboten war [5]). Ursprünglich hatte Bonifatius um die Erlaubnis gebeten, sich seinen Nachfolger noch zu seinen Lebzeiten bestellen und weihen zu dürfen. Eine derartige Dispens erschien dem Papst aber doch zu weitgehend; »Ut te vivente«, schreibt er an ihn, »in loco tuo eligatur episcopus, hoc nulla ratione concedi patimur, quia contra omnem ecclesiae regulam vel instituta Patrum esse monstratur« [6]). Er beschränkte dann die Dispensation darauf, dass Bonifatius in der Sterbestunde seinen Nachfolger designieren durfte [7]).

---

1) *Jaffé*, l. c. p. 88; vgl. *Bernoldi* tractatus de prudenti dispensatione sanctae ecclesiae, c. 3; bei *Ussermann*, Prodromus Germaniae sacra, S. Blas. 1792, 2, 406; *Perrone*, De matrimonio christiano, Leod. 1862, 2, 856.

2) A. a. O. S. 891, Anm. 3. — 3) *Jaffé*, l. c. p. 93; vgl. *Nürnberger*, Tüb. theolog. Quartalschrift (1879), S. 434 ff. — 4) Willibaldi vita S. Bonifatii, ed. *Jaffé*, Berol. 1866, p. 28 sq. — 5) Vita S. Bonifatii, l. c. p. 83 sq.; ebendaselbst Passio S. Bonifatii, p. 59. *Hefele*, a. a. O. 2, 520. — 6) *Jaffé*, Mon. Mog. l. c. p. 119 (a. 743). — 7) L. c. Die Glosse des Trierer Kodex 906 der Summa Rufini zum Dekret Gratians umschreibt die Worte Rufins (zu c. 17. C. 7. qu. 1, Schulte, Summa Rufini, Giessen, 1892. p. 256, folgendermassen: »Primo petebat, quod liceret sibi ordinare coadjutorem. Hoc de iure communi

Als letzte Beispiele von Dispensationen ad faciendum wollen wir erwähnen, dass auf Veranlassung Karls des Grossen der Bischof Angilram von Metz und nach dessen Tod der Bischof Hildebold von Köln von der Residenzpflicht entbunden wurden, indem denselben aus Nützlichkeitsgründen der dauernde Aufenthalt am Hofe gestattet wurde[1]).

Das Resultat der bisherigen Untersuchung fassen wir dahin zusammen, dass wir sagen: Es ist gar kein Grund vorhanden, in betreff des Dispensationswesens eine ältere und eine jüngere Praxis zu unterscheiden. Dispensationen, die im voraus gewährt werden, kommen von vornherein neben den nachträglich erteilten vor. Von einem ausschliesslichen Vorhandensein der Dispensen letzterer Kategorie kann nicht im geringsten die Rede sein.

Als letztes Beweismoment für die Richtigkeit unserer Ansicht führen wir in's Feld die Kritik der von Boehmer und Esmein für ihre Auffassung vorgebrachten Begründung.

§. 11. *Kritik der von Boehmer und Esmein für ihre Ansicht vorgebrachten Gründe.*

Nach *Boehmer* sollen es besonders *drei* Ursachen gewesen sein, welche den von uns bestrittenen Unterschied zwischen der sog. alten und neuen Praxis auf dem Gebiete des Dispenswesens hervorgerufen haben. Die *erste*[2]) erblickt derselbe in der *geringen Anzahl* der Gesetze, die mit Ausnahme der Busskanones nicht gerade besonders schwere Verpflichtungen auferlegten, so dass man sich denselben leicht fügen konnte. Dispensationen wären also gar nicht notwendig gewesen. Bereits an früherer Stelle[3]) haben wir aber darauf hingewiesen, dass aus der geringen Zahl der Gesetze ein Schluss auf das Nichtvorkommen von Ausnahmen ganz ungerechtfertigt ist. Mögen der Gesetze auch nicht so viele gewesen sein wie heute, immerhin waren dieselben solcher Art — ich erinnere nur an die strengen Vorschriften betreffs der Ordinanden —, dass die Kirche durch eine allzu strikte Aufrechterhaltung dieser Anforderungen sich selbst in ihrer Verbreitung und Ausdehnung ein gewaltiges Hindernis entgegengestellt hätte. Wären nicht manchmal infolge dieser

---

erat. Secundo, quod posset eligere aliquem, qui post mortem eius praesideret. Hoc vix obtinuit ex dispensatione. Tertio quod posset illum consecrare in episcopum. Hoc non obtinuit. R.«, Schulte, Einleitung zur Ausgabe der Summa Rufini, l. c. p. XVIII.

1) Monumenta Germaniae Capitularia regum Francorum, ed. Boretius, Hannov. 1883, 1, 68, c. 55; der Frankfurter Synode vom J. 794, *Hefele*, 3, 693; hierüber des nähern in der Geschichte des Dispensationsrechts. — 2) L. c. §. 42 sqq. — 3) S. 18 f.

Strenge die sonst tauglichen und tüchtigen Männer vor dem Empfang der Weihen und so gerade von denjenigen Stellen ausgeschlossen worden, deren Inhaber auf die Schicksale der Kirche den ominentesten Einfluss haben? Der Macht der Thatsache gegenüber, dass die für die Ordination aufgestellten Forderungen nicht gerade bei jedem sonst geeigneten Kandidaten vorhanden sein konnten, beweist die geringe Anzahl der Gesetze höchstens so viel, dass, da also nur wenige Gesetze vorhanden waren, konsequenterweise auch Ausnahmen nur in beschränktem Masse vorkommen konnten. Erst im IV. Jahrhundert, behauptet Boehmer, sei eine unerträgliche Menge von Gesetzen entstanden, was dem Einfluss des immer mehr sich ausbreitenden Mönchtums zuzuschreiben sei. Hierher rechnet er z. B. das Fastengebot, die Verwandschaftsgrade, den Zölibat. Aber von allen diesen Geboten habe man bis zum X. Jahrhundert keine Dispensation im voraus gewährt. Diese Begründung trägt ihre Verurteilung in sich selbst. Schon die Beispiele selbst, welche Boehmer anführt, passen gar nicht hierher. Gerade die Befreiung vom Fastengebot ist doch wohl nur eine dispensatio pro futuro. Dispensationen von Zölibat gehören ferner auch nach dem X. Jahrhundert zu den Seltenheiten, und was die Ehen in verbotenen Verwandtschaftsgraden betrifft, so muss hier gesagt werden, dass die Entwickelung der Ehedispensationen überhaupt eine Sonderstellung einnimmt[1]). Die Vermehrung der Gesetze war natürlich von Einfluss auf die Entwickelung des Dispenswesens; allein dieser liegt darin, dass Dispensen pro futuro gerade deswegen, weil mehr Gesetze vorhanden waren, auch um so häufiger erteilt wurden [2]).

In der gleichen Weise glauben wir auch die *zweite* von *Boehmer* [3]) angeführte Ursache modifizieren zu müssen. Die Gewährung der Dispensen im voraus soll nämlich dem hl. Stuhl eine willkommene Gelegenheit abgegeben haben, *seine Gewalt zu vermehren*, und um dessentwillen habe er auch die Dispensationen ante factum *eingeführt und befördert*. Dem gegenüber ist zu erwiedern, dass es offen-

---

1) S. 71 f.
2) *Mejer* sagt a. a. O. S. 632: »In der Kirche als religiöser Gesellschaft bildete sich früh eine feste Ordnung der Gemeinschaft. Wer diese verletzte und dadurch mit der Kirche zerfiel, konnte erst nach genügender Reue wieder mit ihr versöhnt werden. Es wurden die aus der Uebertretung des Gesetzes hervorgehenden Nachteile erlassen vermöge brüderlicher Milde συγγνώμη, φιλανθρωπία, οἰκονομία — remissio, venia, clementia, miseratio, dispensatio.« Diese Argumentation ist offenbar einseitig. Denn es kann kein Zweifel darüber sein, dass dies nicht die einzige Form war, in welcher die Dispens damals zu Tage trat. — 3) L. c. p. 44.

bar einer Einführung gar nicht mehr bedurfte. Beide Kategorieen von Dispensationen kamen von vornherein neben einander vor. Richtig ist, dass die Erteilung von Dispensen zum voraus, namentlich vom X. Jahrhundert ab zur Befestigung der primatialen Stellung Roms sehr viel beigetragen, und um deswillen wohl auch eine Ausdehnung angenommen hat, welche in den vorhergehenden Jahrhunderten ganz unbekannt war. Allein es handelt sich hier nicht um die Einführung einer früher ungebräuchlichen Art von Dispensen, sondern um Uebergang der Erteilungsbefugnis von den Bischöfen und Provinzialkonzilien an den Papst betreffs solcher Dispensen, die *längst* in der Kirche in Anwendung waren.

Auch den *dritten* von *Boehmer* angeführten Grund können wir nur mit der Beschränkung bestehen lassen, dass derselbe die Erteilung von Dispensationen nicht erst notwendig, wohl aber häufiger machte. Im Anschluss an *Thomassin* [1]) nämlich legt Boehmer die dritte Ursache, welche einen Umschwung in der seitherigen Praxis auf dem Gebiete des Dispenswesens hervorgerufen haben soll, in den Umstand, dass die kirchliche Disziplin und der Eifer der Christen erschlaffte. Die Einführung der neuen Praxis sei begründet »in ruditate saeculorum summisque tenebris, quibus post saeculi X. decursum adeo ecclesiae involutae erant« [2]). In der That sehen wir um diese Zeit die Dispensationen ad faciendum in solcher Zahl auftreten, dass man nicht anders kann, als sie mit den damaligen Zuständen in Zusammenhang zu bringen, welche die Erteilung dieser Dispensationen in erheblichem Masse begünstigten, keineswegs aber erst notwendig machten.

In einem Zitat aus einem Briefe des Bischofs *Hildebert von Le Mans* († ca. 1133) glaubt *Boehmer* einen historischen Beweis für die Richtigkeit seiner Ansicht vorbringen zu können [3]). Allein bei genauer Betrachtung beweist diese Stelle gerade das Gegenteil von dem, was *Boehmer* in ihr zu finden vermeint. Daselbst heisst es: »Multa ex loco, multa ex tempore, multa ex personis differentius fiunt. Rector ecclesiae nonnumquam aut dissimulabit aut faciet, quae accusat, cum videri malum scismatis imminere, canonem scito mutabit; debet cessare censura, cum solvitur unitas, caritas laeditur, pax vacillat« [4]). *Hildebert* bezeichnet hierin die Dispens als mutatio canonis, und zwar kann sie geschehen in zweifacher Weise: aut dissimulabit —

---

1) »Contra autem emollita iam et elanguescente disciplina posterioribus his saeculis (d. h. vom X. Jahrhundert ab) venia expetitur violandorum canonum, peccandi in sanctas regulas licentia flagitatur et conceditur; peccare volunt innoxie et ipsi legum contemptui auctoritatem et patrocinium a legibus ipsis accersere.« L. c. l. 2. p. 3. c. 24. n. 20. — 2) L. c. §. 38. — 3) Dachery-Barre, Spicilegium, 3, 451; Migne, 171, 236, l. 2. ep. 22.

aut faciet. Aus dieser Gegenüberstellung (aut — aut) ergiebt sich, dass er sowohl die Dispensation, welche nach der That erteilt wird (dissimulabit) als auch jene, die im voraus die Setzung einer Handlung gestattet (faciet), voll und ganz anerkennt. Er will damit sagen, dass man bald Nachsicht übt, wenn etwas gegen die Vorschriften der Kanones geschehen ist, bald das zu thun im voraus erlaubt, was nach den Gesetzen untersagt ist. Diese Deutung ergiebt sich unbestreitbar aus den Beispielen, welche *Hildebert* anführt. Wir sehen also, dass derselbe weit davon entfernt ist, ein Zeugnis dafür abzugeben, dass man bis zu seiner Zeit die Dispensationen ad faciendum nicht gekannt habe.

In dem Artikel »Dispensation« der Real-Enzyklopädie für protestantische Theologie und Kirchenwesen[1]) beruft sich *Jacobson-Mejer* auf c. 41. C. 1. qu. 1., c. 7, 14. C. 1. qu. 7 u. a. m. zum Beweise dafür, dass man es nicht für zulässig hielt, schon im voraus die Uebertretung einer kirchlichen Satzung zu erlauben. Aus den angeführten Stellen ist so etwas nie und nimmer herauszulesen. Sie beziehen sich zwar alle auf eine Dispens post factum, besagen aber keineswegs, dass diese Form der Dispens die einzig anerkannte, die Dispensation in antecessum dagegen voll und ganz ausgeschlossen sei. Eine Stelle *dieses* Inhaltes lässt sich aus der gesamten Literatur überhaupt gar nicht herbeibringen.

Einen ähnlichen Fehler, den wir soeben bei *Boehmer* gerügt haben, begeht auch *Marca*[2]). Zum Beweis für seine Behauptung, dass betreffs der Weihen bis zum X. Jahrhundert Dispensationen nie im voraus gewährt worden seien, beruft er sich auf eine Stelle aus einem Brief Cölestins, worin es heisst: »Quae enim a nobis res digna servabitur, si decretalium norma constitutorum pro aliquorum libitu licentia populi permissa frangatur«[3])? Der Papst spricht sich hier über das Dispensations*recht* aus. Er verwahrt sich dagegen, dass einige Bischöfe sich die Befugnis anmassen, gegen die kirchlichen Verordnungen, d. h. gegen die *päpstlichen* Anordnungen zu handeln. Dies ist der Inhalt der betreffenden Stelle; etwas anderes besagt sie nicht.

Was die Ausführungen *Esmein's* betrifft, so wollen wir dieselben, soweit sie für unsern Zweck hier in Betracht kommen, wörtlich anführen. »Nous savons, que la juridiction ecclésiastique, soit à l'égard des fidèles, soit même à l'égard des membres du clergé ne fut pendant des siècles qu'une pure juridiction disciplinaire.

---

1) Leipzig, 1878, S. 632. — 2) L. c. — 3) C. 4. D. 38.

L'orsque l'église leur demandait compte d'un de leurs actes, il s'agissait simplement de savoir, si une *pénalité disciplinaire* leur serait ou non appliquée, si tel fidèle serait exclus de la communauté, si tel laïc serait admis dans les rangs du clergé, si tel clerc serait privé de son rang et de sa qualité. C'était, nous l'avons vu, à ce point de vue, et à ce point de vue seulement, que l'église statua sur le mariage des fidèles. Mois l'orsqu'il s'agit d'appliquer des disciplinaires, il est dans la nature des choses, que les supérieurs chargés de maintenir la discipline, tiennent largement compte des circonstances et des intentions. Il est naturel, qu'au lieu d'appliquer rigoureusement les règles édictées ils usent souvent d'une indulgence utile et bienveillante, *laissant passer, sans les frapper, certains actes défendus cependant en principe et punissables. C'est ainsi que la dispensatio se présenta d'abord.* Les textes les plus anciens, qui en parlent, se rapportent aux défaillances des fidèles pendant les persécutions ou à leur adhésion passagère à des hérésies. Il suffit pour s'en convaincre, de parcourir les textes qu'a rassemblés Gratien dans la question où il traite de la dispensatio« [1]).

Betrachten wir einmal des nähern die Beispiele, welche *Esmein* vorbringt. Dispensationen wurden erteilt, sagt er, wenn es sich darum handelte, ob ein Gläubiger aus der kirchlichen Gemeinschaft ausgeschlossen werden, ob dieser oder jener Laie zu den Weihen zugelassen, ob dieser oder jener Kleriker degradiert werden sollte. Wenn wir nun auf diese drei Beispiele den Begriff der Dispensation als einer «*répression disciplinaire*« anwenden wollen, so wird uns dies nur bei dem ersten und bei dem dritten gelingen. Bei der Zulassung eines Laien zum Empfang der Ordination dagegen kann derselbe auch mit dem besten Willen nicht Platz greifen, selbst wenn wir annehmen, dass derselbe mit irgend einer Irregularität behaftet ist. Die Irregularität ist eben keine Strafe, sie ist nur Inhabilität, rechtliche Unfähigkeit, ohne besondere Erlaubnis einen Weihegrad nicht empfangen zu können. Da nun gerade diese Dispensen in der früheren, ja selbst in den ersten Jahrhunderten ohne Zweifel sehr häufig waren, so liegt auf der Hand, dass der von *Esmein* aufgestellte Begriff der Dispensation viel zu eng ist, indem er eine ganze Kategorie von Dispensen nicht umfasst, deren Existenz er ja *selbst* durch Anführung des betreffenden Beispiels unumstritten zugeben muss.

Für seine Ansicht beruft sich *Esmein* auf Gratian, der in C. 1. qu. 7. Zitate zusammengestellt habe, die sich *alle* auf die

---

1) L. c. 2, 316 s.

Dispensation post factum beziehen sollen. Allein unter den betreffenden Kapiteln befinden sich mehrere, die ebensowohl auch die im voraus erteilte Dispensation im Auge haben. Ex professo handelt von einer solchen nur caput 6., welches von der Einhaltung der Interstizien entbindet, also offenbar von einer dispensatio ad faciendum spricht. Ferner übersieht Esmein ganz, dass zu Zeiten Gratians die Theorie über das Dispensationswesen schon soweit vorgeschritten war, dass sie beide Arten von Dispensationen unter einem und demselben Gesichtspunkt behandelt [1]).

Esmein begeht den Fehler, dass er das, was er an einigen Fällen beobachtet, nun gleich auf das ganze Gebiet des kirchlichen Rechts überträgt. Es giebt offenbar Fälle, in denen unstreitig die Dispensation den Charakter hat, welcher ihr von Esmein beigelegt wird, so z. B. bei den Ehedispensen, die bis zum XI. Jahrhundert nie im voraus erteilt wurden. In anderen Fällen trifft das aber nicht zu. Ja, *Esmein* geht sogar so weit zu behaupten, dass auch *heute noch* die Dispensation die Natur eines richterlichen Aktes habe, d. h. eines Aktes, der zeitlich derjenigen Handlung folgt, welche er ergreift. Hierfür glaubt er einen Anhaltspunkt darin zu finden, dass auch heute noch der Erteilung der Dispensen eine cognitio causae vorauszugehen habe. Dies ist aber ein Missverständnis, beruhend auf einer falschen Deutung des Wortes causa. Die cognitio causae bezieht sich hier auf die Untersuchung, ob im einzelnen Fall, für den Dispens nachgesucht wird, auch ein hinreichender Grund vorliegt, der die Erteilung derselben rechtfertigt. Eine solche Nachforschung hat aber ebenso gut zu geschehen bei den Dispensationen ad faciendum wie bei denen post factum.

Den Uebergang zwischen der vermeintlichen alten und neuen Praxis erklärt sich *Esmein* [2]) durch den Einfluss der im Laufe des XII. Jahrhunderts sich vollziehenden Zentralisation der kirchlichen Gesetzgebungsgewalt im Primat. Infolge dieser Reform wurde die verbindliche Kraft der Gesetze auf den Willen des Papstes zurückgeführt, so dass der unter diesem stehende Vorgesetzte den kirchlichen Rechtssätzen ihre verpflichtende Wirkung nicht mehr nehmen konnte. Daher hätte sich auch der alte Begriff der Dispensation nicht weiter behaupten können, sagt *Esmein*. Es blieb nichts anderes übrig als auch sie vom Willen des höchsten Gesetzgebers abhängig zu machen. Dieser letzte Gedanke ist der einzige richtige an der ganzen Argumentation *Esmeins*, indem er den Um-

---

[1]) vgl. den II. Teil. — [2]) L. c. 2. 320.

stand zum Ausdruck bringt, dass es eine unmittelbare Folge der
Konzentration war, wenn man die Erteilung der Dispensen als einen
gesetzgeberischen Akt, die Dispensationsgewalt also als ein notwendiges
Korrelat der Gesetzgebungsgewalt betrachtete. Diese Neuerung (oder
vielmehr die nun allgemein gewordene Anerkennung des schon längst
ausgesprochenen Prinzips) erstreckte sich aber nur auf die *rechtliche
Quelle* der Dispensation. In wieweit eine Umgestaltung des Begriffs und
die Einführung einer neuen Kategorie durch jene Thatsache herbeige-
führt worden sein soll, lässt sich mit dem besten Willen nicht ein-
sehen. Der Begriff blieb offenbar unberührt; wie vorher, so wurden
auch nachher Dispensen sowohl im voraus als nachträglich gewährt.
Eine Spur von Veränderung der herrschenden Praxis lässt sich nicht
nirgendwo konstatieren.

Die »nouvelle conception« der Dispensation lautet nach Esmein
folgendermassen: »L'acte par lequel une personne déterminée était
soustraite dans un cas donné à l'application de la loi, sans que
celle-ci perdît sa force et sa vertue générales. C'était par la même
considérer la loi comme une règle comportant des intermittences et
dont certaines autorités pouvaient écarter l'application à l'égard des
individus qui y étaient soumis« [1]). Inwiefern soll nun dieser Begriff
von dem bisher in Geltung gewesenen abweichen? Rufen wir uns
die Aussprüche der Väter und Päpste über die Dispens in das Ge-
dächtnis [2]) zurück, so können wir auch nicht den geringsten Unterschied zwischen *ihrer* Auffassung finden und *dem* Begriff, welchen
Esmein als einen neuen, erst im Laufe des XII. Jahrhunderts entstandenen hinzustellen versucht. Nur *ein* Moment hebt letzterer mehr
hervor: Die Erteilung der Dispens an Einzelne (un cas donné). Aber
auch dieses ist im Begriff, den wir konstatiert haben, mit einge-
schlossen [3]).

§. 12. Resultat.

Das Resultat, das wir durch die bisherigen Erörterungen
gewonnen haben, besteht darin, dass es der historischen Wahrheit
absolut nicht entspricht, bei der Beurteilung des Dispensationswesens
zwischen alter und neuer Praxis zu unterscheiden und dabei die
Grenzlinie in das XI. Jahrhundert zu verlegen. Lassen sich auch
nicht aus allen Zweigen des kirchlichen Rechts Beispiele von im
voraus erteilten Dispensationen herbeibringen, so liegt dieser Mangel
keineswegs in der Nichtanerkennung dieses Prinzips, wohl aber in
der Lückenhaftigkeit der Quellen aus dieser Zeit, sowie in dem

---

1) L. c. p. 316. — 2) §§. 4. 5. — 3) Vgl. §. 6.

Umstand, dass man früher in vielen Beziehungen Dispensationen verweigerte, wo dieselben heutzutage ohne besondere Schwierigkeit gewährt werden. Ueberdies genügen die angeführten Beispiele ohnehin schon, um zu beweisen, dass das Prinzip solcher Dispensationen nicht allein theoretisch anerkannt war, sondern auch praktisch gehandhabt wurde.

Würde in dem angegebenen Zeitpunkt eine neue Art von Dispensationen aufgekommen sein, so liesse sich das Stillschweigen nicht erklären, mit dem die zeitgenössischen Schriftsteller eine derartige, von der seitherigen Uebung wesentlich abweichende Erscheinung übergehen. *Bonizo* in seiner Kanonensammlung (ca. 1075)[1]), *Bernold von Konstanz* († 1100)[2]) und *Ivo von Chartres*[3]), welch' beide letzteren der Darstellung des Dispenswesens ihre besondere Aufmerksamkeit gewidmet haben, rechnen mit der sog. neuen Praxis als einer längst vorhandenen und nicht erst vor kurzem eingeführten Thatsache. Ivo sagt z. B., wo gewisse Gründe die Erteilung einer Dispensation rechtfertigen, da könne *im voraus* die Setzung einer verbotenen Handlung durch den kirchlichen Obern gestattet werden, »potest *praecedere* auctoritate praesidentium diligenter deliberata dispensatio«[4]). Erst die Glossenliteratur unterscheidet zwischen dispensationes in factis und in faciendis. Eine zeitliche Beschränkung der letzteren auf die Zeit nach dem XI. Jahrhundert kennt dieselbe aber nicht. Im Gegenteil. Zu ordinentur c. 8. C. 1. qu. 7 sagt die Glosse: »ordinentur id est, ut promoveantur vel ordinentur, si ante non fuerint ordinati vel forte extra formas ecclesiae«. Beide Arten von Dispensen werden also hier vollständig gleichgestellt.

VII. Kapitel.

§. 13. Das XI. Jahrhundert als Grenzpunkt einer alten und neuen Praxis auf dem Gebiete des Dispensationswesens.

Wirklicher Unterschied.

Haben wir im Vorhergehenden die Ansicht zurückgewiesen, welche den Unterschied zwischen einer alten und neuen Praxis betreffs der Dispensationen darein setzte, dass in der Zeit vor dem XI. Jahrhundert Dispensationen für eine beabsichtigte Handlung nicht gewährt worden seien, so müssen wir doch, um der Geschichte gerecht zu werden, in Ansehung des Dispensationswesens das Vorhandensein einer alten und einer neuen Praxis, wenn auch in ganz anderer Hinsicht konstatieren.

---

1) Vgl. II. Teil. — 2) Vgl. II. Teil. — 3) Vgl. II. Teil. — 4) Vgl. §. 26.

Sämtliche vor dem XI. Jahrhundert erteilten Gesetzesbefreiungen, mögen dieselben vor oder nach der That gewährt sein, haben zur causa stets einen Grund, der den Zwecken der Allgemeinheit entnommen ist. Nur zum allgemeinen Wohl der Kirche und nur wegen allgemeiner Notwendigkeit, z. B. bei Priestermangel, in Pest- und Kriegszeiten, zur Erhaltung des Friedens in der Kirche wurden bis in's XI. Jahrhundert hinein Dispensen gestattet. Dies hängt damit zusammen, dass man als Dispens auffasste jede Ausnahme von dem bestehenden Recht, namentlich aber die Aenderung eines Gesetzes durch Aufstellung einer abrogierenden oder derogierenden Vorschrift. Wie aber ein Gesetz zum Wohl der ganzen Gemeinheit gegeben, so kann es auch nur dann rechtmässig eine Aenderung erfahren, wenn ein allgemeiner Nutzen davon zu erwarten ist oder die Not der Verhältnisse dazu zwingt [1]). Thatsächlich sind auch alle Beispiele von Dispensationen, die uns aus dieser Periode bekannt worden sind, derart, dass die Abweichung von der Regel nur dann gestattet wurde, wenn irgend ein Vorteil für die Kirche selbst erwartet werden konnte. Dies ersehen wir aus den Ausführungen *Gottfried's von Vendôme*, des hl. *Bernhard, Ivo's von Chartres, Hildebert's von Le Mans*, lauter Männer [2]), welche gerade zu der Zeit lebten, zu welcher diese alte Praxis allmählich durch eine neue verdrängt wurde.

Bernhard von Clairvaux sagt: »Ubi necessitas urget, excusabilis dispensatio. Ubi utilitas provocat, dispensatio laudabilis est: utilitas dico *communis*, non *propria*« [3]). Er hält dem Papst vor, dass man bei der Erteilung von Dispensationen von der alten Gewohnheit abgekommen sei, wonach man dieselben nur aus Gründen zuliess, welche der Allgemeinheit von Nutzen waren. Dispensationen wurden eben zu seiner Zeit nicht allein erteilt, wo die Gemeinschaft selbst einen Vorteil davon hatte, sondern schon allein aus rein privaten Rücksichten, wenn also die Gewährung der Entbindung nur der einen oder andern Person einen Nutzen einbrachte, ohne dass die Allgemeinheit infolge dieser Abweichung irgend eine Beförderung in den Gesammtinteressen gehabt hätte. Ohne dass ein Priestermangel vorlag, galt es alsdann z. B. als hinreichender Dispensgrund, um einem Priestersohn die Erlaubnis zum Empfang der Weihen zu geben, wenn

---

1) »Pleraque in ecclesiasticis canonibus invenimus, quae sicut pro communi totius vel propria alicuius ecclesiae utilitate inventa sunt, sic rursum pro communi totius vel propria alicuius aut gentis aut ecclesiae salute praevia in omnibus caritate mutata sunt.« *Petrus Venerabilis*, l. l. cp. 28, Migne, 189, 148.

2) Vgl. hierüber im II. Teil. — 3) Vgl. hiezu §. 24.

derselbe sonst seine Fähigkeit und Tüchtigkeit nachweisen konnte. Hier bezieht sich also der Dispensationsgrund auf das Wohl des Einzelnen. Solche Fälle liegen vor, wenn z. B. durch Vorenthaltung der Dispens der Beteiligte unverhältnismässig leiden oder sein Seelenheil gefährdet, wenn Störung des ehelichen und häuslichen Friedens oder anderweitiger bedeutender Nachteil entstehen würde. Allerdings muss man zugestehen, dass in solchen Fällen auch der Allgemeinheit thatsächlich Vorteile entstehen können; allein diese sind nur indirekte, sie sind nur eventuelle und können als Dispensgrund bei der Erteilung der Entbindung blos dann in betracht gezogen werden, wenn ihr Eintritt als wahrscheinlich vorauszusehen ist. Ist dies nicht der Fall, so bleibt nichts anderes übrig als die Dispensation voll und ganz der Willkür zu überlassen [1]).

Dieser Umschwung in der seitherigen Praxis, welche wir uns aber nicht als ausschliessliche, sondern als vorherrschende zu denken haben, erhielt eine wesentliche Förderung durch das Dekretalenrecht, welches die alleinige Dispensationsbefugnis des Papstes von den Sätzen des ius commune sanktionierte. Allein dieses Moment ist es an sich nicht, welches auf das Dispenswesen in fraglicher Beziehung von Bedeutung war, sondern ein dasselbe begleitender Umstand, nämlich die in den Dekretalen ausgesprochene Anerkennung gewisser Gründe, bei deren Vorhandensein die Erteilung einer Dispensation gerechtfertigt sein sollte: das Wissen, die Ehrbarkeit der Sitten, der gute Ruf, die Verdienste um die Kirche, hohe Abstammung[2]) u. s. w.[3]), also lauter Eigenschaften des Dispensanden ohne jede Beziehung zu dem objektiven Nutzen oder zur objektiven Notwendigkeit. Dieser Entwickelung leisteten viele Momente Vorschub. Die allzu häufigen Uebertretungen hatten die kirchliche Disziplin so sehr geschwächt, dass man, um solche zu verhüten, auch aus rein privaten Rücksichten dispensierte. Anderseits müssen wir aber auch bedenken, dass die Dispensen ein gewaltiges Mittel zur Hebung der päpstlichen Gewalt waren, von welcher Befugnis der hl. Stuhl, wie wir an späterer Stelle noch sehen werden, den ausgiebigsten Gebrauch machte.

Als Zeitpunkt, in welchem die Aenderung der seitherigen

---

1) Suarez, de legibus, 1. 6. c. 7. n. 13: »Non solum posse cessare obligationem legis, quando in particulari eventu esset contra bonum commune servare legem, sed etiam si sit tantum contra bonum particularis personae, dummodo sit nocumentum grave, et nulla alia ratio communis boni obliget ad illud inferendum vel permittendum. Nam tunc iustitia et caritas iubet evitare tale nocumentum proximi, cui non potest lex humana rationabiliter opponi.«

2) C. 19, X, II, 27; c. 14. in VI^{to}, I. 6; c. 20 X. 1. 6; c. 28. X. III. 5.

3) Vgl. hierüber im II. Teil.

Praxis fühlbar wurde, haben wir das XI. Jahrhundert aufgestellt, namentlich mit Rücksicht darauf, dass die vorhin erwähnten Momente, welche den betreffenden Umschwung befördert haben, in der angegebenen Zeit ganz besonders zu Tage getreten sind. Die berühmtesten Männer dieser Zeit, Gottfried von Vendôme, Bernhard von Clairvaux, Hildebert von Le Mans, Ivo von Chartres, Johannes von Salisbury erhoben Klagen gegen den Missbrauch der Dispensationen, welche nun nicht mehr zum Besten der Kirche, sondern zur Begünstigung rein privater Interessen gewährt wurden [1]). Auch in späterer Zeit bildete dieser Umstand einen wichtigen Angriffspunkt gegen die Handhabung der kirchlichen Rechtsordnung seitens des hl. Stuhles. Neben verschiedenen Männern, wie z. B. Matthäus Paris, Nikolaus von Clémanges, Gerson waren es namentlich Konzilien, welche die unbedingte Abschaffung des Dispensationswesens in der Beziehung verlangten, dass Dispensen mit Rücksicht auf rein persönliche Vorteile absolut verboten sein sollten.

VIII. Kapitel.

§. 14. Die Dispensationen post factum.

Bis jetzt haben wir nur derjenigen Kategorie von Dispensen unsere Aufmerksamkeit gewidmet, bei denen im voraus die Setzung einer an sich unerlaubten Handlung gestattet wird. Es erübrigt uns noch, diejenigen Fälle in betracht zu ziehen, in denen erst *nach* vollbrachter That die Gutheissung durch den Obern erfolgt.

Hierher gehören vor Allem die Dispensationen auf dem Gebiete des *Eherechts*. Aus der Zeit vor dem XI. Jahrhundert lässt sich nur ein Beispiel einer Dispensation pro matrimonio contrahendo anführen. Es ist dies die von Gregor dem Grossen den neubekehrten Engländern auf Veranlassung ihres Apostels Augustin gewährte Ausnahme [2]). Sonst kannte man Ehedispensen nur in der Form, dass die auf den Provinzialkonzilien versammelten Bischöfe beschlossen, widerrechtlich zustande gekommenen Ehen die kirchliche Anerkennung nicht versagen zu wollen. Die Synode von Agde verordnet i. J. 506, dass jede Ehe zwischen Blutsverwandten oder Verschwägerten nichtig sei [3]). Dasselbe beschlossen die Synode von Epaon [4]) (517) und Orleans (538) [5]). Den Verordnungen dieser drei Synoden ist ge-

---

1) Vgl. hierüber an späterer Stelle.
2) S. 58. — 3) c. 61, *Hefele*, 2, 659 = c. 8. C. 35. qu. 2; vgl. *Freisen*, a. a. O. S. 377. — 4) C. 28 (30) *Monumenta Germaniae*, Auctorum antiquissimorum. VI. 2. p. 172. — 5) l. c. c. 11. p. 76.

gemeinsam, dass sie die im dritten und vierten Grade der Blutsverwandtschaft bereits eingegangenen Ehen nicht auflösen, sondern aus Gnade bestehen lassen, für die Zukunft aber die Abschliessung solcher strengstens untersagen. Das Konzil von Verberie (756) beschränkt diese Dispensation auf den vierten Grad[1]). Mit demselben Gegenstand beschäftigen sich die Synoden von Compiègne (757)[2]), von Mainz (843 und 847)[3]) und von Worms (868)[4]).

Viel zahlreicher natürlich sind die Dispensationen post factum auf den *andern* Gebieten des kirchlichen Rechts. Am häufigsten wurden dieselben erteilt an solche, denen die Ausübung ihrer Weihebefugnisse aus irgend einem Grunde untersagt war.

Schliesslich glauben wir noch auf einen Punkt zurückkommen zu müssen, der für die Beurteilung des Dispensationswesens während dieser Periode von Belang ist. Thomassin[5]) und Jung[6]) sind nämlich der Ansicht, dass die Erteilung der Fähigkeit, auf Grund welcher zu Zeiten Karl Martells und schon vorher Laien den Besitz von Bistümern und Abteien erlangen konnten, auf eine Dispensation zurückzuführen sei. Dasselbe gelte auch für den Bezug von Einkünften aus kirchlichen Gütern seitens Angehöriger des Laienstandes. Es seien dies Ausnahmen von der Regel und infolgedessen, dem damaligen Begriff der Dispensation entsprechend, als eine solche zu betrachten. Allein diese Ausnahmen wurden so zur Regel, dass die Ausnahme die Regel geradezu verdrängte, und man bald beide kaum mehr auseinanderhalten konnte. Dies sowie der Umstand, dass die zeitgenössischen Quellen derartige Erscheinungen offen als Missbräuche hinstellen, haben uns bewogen, dieselben aus dem Kreise unserer Betrachtung auszuschliessen[7]). Auch die Erteilung von Privilegien und Exemtionen haben wir nicht berücksichtigt, und zwar aus dem Grunde, weil durch dieselben besondere Institutionen für sich begründet wurden, welche von Anfang

---

1) C. 1. »In quarta autem coniunctione, si inventi fuerint, non separamus sed poenitentiam iniungimus. Attamen si factum non fuerit, nullam facultatem coniungendi in quarta generatione damus.« Mon. Germ. Capit. I. 40; vgl. *Perrone*, l. c. 2, 88; *Freisen*, a. a. O. S. 385. Wer eine solche Dispens erhalten hatte, musste öffentlich Busse verrichten, Konzil von Agde c. 61. l. c.

2) c. 1—3, *Hefele*, 3, 592; Walter, Corpus iuris germ. l. c. 2, 32, 47.

3) C. 30, *Hefele*, a. a. O. Mon. Germ. Capit. IV. 483; vgl. c. 54 der Synode von Mainz v. J. 815, *Hefele*, a. a. O. 3, 763.

4) C. 32. *Hefele*, a. a. O. 4, 370 f. — 5) L. c. p. 2. l. 3. c. 25, n. 1 sq.; l. 1. c. 1. n. 25. — 6) L. c. p. 28. — 7) Erst die kanonistische Doktrin des XII. Jahrhunderts sucht sich solche Erscheinungen durch Zuhülfenahme der Dispensation zu erklären. Hierher gehört auch das Laienpatronat. Vgl. hierüber an späterer Stelle.

an neben der Dispensation eine selbständige Entwickelung genommen haben.

Was wir oben bereits betont haben, gilt auch von der im 6. Jahrhundert so häufig werdenden Erhebung von Laien auf Bischofsstühle. Es mögen Fälle vorgekommen sein, in denen die unmittelbare Weihe von Laienpersonen in den vorhandenen Umständen begründet war. Meistens aber haben wir es mit willkürlichen, selbstsüchtigen Uebertretungen der kirchlichen Vorschriften zu thun. Im fränkischen Reich war es ja geradezu zur Regel geworden, dass Staatsbeamte und einflussreiche Personen wegen rein weltlichen Gewinnes sich um das Amt eines Bischofs bewarben und ohne jede Uebergangszeit, ohne jegliche Vorbereitung durch Bestechung oder Gunst in den geistlichen Stand aufgenommen wurden und gleichzeitig die Konsekration zum Bischof erhielten. In den Erzählungen Gregors von Tours begegnen uns eilf Beispiele dieser Art [1]. Dass wir es hier mit Missbräuchen zu thun haben und nicht mit Dispensationen d. h. mit Abweichungen, welche *im Bewusstsein* gestattet werden, dass unter gewissen Umständen die strenge Forderung des Gesetzes nicht aufrecht erhalten werden kann, liegt auf der Hand.

§. 15. Schluss.

Als Resultate der Untersuchungen, die wir in dem ersten Teil unserer Arbeit angestellt haben, ergeben sich zwei Sätze:

1. Bis zum eilften Jahrhundert ist der Begriff der Dispensation ganz allgemeiner Natur. Sie umfasst alle möglichen Aenderungen und Ausnahmen, welche von einer gesetzlichen Bestimmung überhaupt gemacht werden können. Die Beschränkung derselben auf die Aufhebung der Wirksamkeit eines Gesetzes in Einzelfällen, wie es die heutige Wissenschaft thut, ist während des angegebenen Zeitraumes vollständig unbekannt.

2. Es ist unrichtig, das Vorkommen von solchen Dispensationen,

---

1) *Löning*, a. a. O. 2. 191, Anm. 3; Im J. 528 forderte Papst Felix II. den Bischof Cäsarius von Arles auf, darüber zu wachen, dass kein Laie, bevor er als Geistlicher sich erprobt, zum Bischof geweiht werde; *Mansi*, 8, 666. An Sabaudus, den Bischof von Arles, schreibt in demselben Sinne Pelagius II. (578—590); »Quis autem ex vobis de eo, quod illic fieri comperimus, redditurus est rationem, vel in quibus canonibus invenitur, ut uno eodemque die laicus homo et clericus et acolitus et subdiaconus et diaconus et presbyter et episcopus fiat et subito quasi in theatrali spectaculo mutato habitu missas faciat, qui ante unam horam non dicam domui suae laicus sed uxori etiam suae forsitan coniunctus extiterit?« Epistolae aevi merovingici collectae, ep. 5. in *Monumenta Germaniae*, p. 439, Berol. 1892; vgl. *Hinschius*, a. a. O. 2,521 f.

welche im voraus die Vornahme einer gesetzwidrigen Handlung oder die Unterlassung einer gebotenen Handlung gestatten, für die Zeit vor dem eilften Jahrhundert in Abrede zu stellen.

Was die Beispiele von Dispensen betrifft, die uns aus dieser Zeit überliefert sind, so sind wir weit davon entfernt, auf eine Vollständigkeit ihrer Aufzählung Anspruch zu erheben. Zunächst sei bemerkt, dass nur diejenigen Berücksichtigung gefunden haben, denen irgend eine Bedeutung für die Entwickelung des Dispensationswesens überhaupt beigemessen werden konnte. Dann hielt uns aber auch die Furcht vor dem Vorwurf der Weitschweifigkeit davon ab, gewisse Beispiele, so interessant und unbekannt sie sonst auch sein mögen, eingehend zu besprechen, da bei der Darstellung der geschichtlichen Entwickelung des Dispensations*rechts* dieselben abermals und zwar zur Prüfung der Sachlage *im Einzelnen* genau erwähnt werden müssen.

Lebenslauf.

Ich bin geboren am 25. Oktober 1867 zu Hördt i. Els., Kreis Strassburg, als Sohn des Lehrers Eugen Stiegler und der Katharina Elisa Stiegler geb. Vollmar. Meine Religion ist die katholische. Nach Erlangung des Abiturienten-Zeugnisses am Gymnasium St. Stephan zu Strassburg bezog ich als Student der klassischen Philologie die Universität daselbst (Oktober 88). Im folgenden Jahre wurde ich als Theologe in der theologischen Fakultät zu Freiburg i. Br. immatrikuliert. Nach Verlauf von sechs Semestern trat ich zur juristischen Fakultät über, um mich für das Spezialstudium des kanonischen Rechts vorzubereiten, für welches die Vorlesungen des Herrn Professor v. Amira, namentlich aber des Herrn Professor Heiner mein grösstes Interesse erweckt hatten, so dass ich noch als Theologe in der Lage war, eine von der theologischen Fakultät daselbst gestellte Preisaufgabe aus dem Kirchenrecht: „Der Kompatronat in seiner Entstehung und Ausübung" zu lösen und dabei den ersten Preis davonzutragen. Im Winter 93/94 besuchte ich die Universität Berlin, um an den Uebungen im kanonistischen Seminar des Herrn Professor Hinschius teilnehmen zu können. Seit Sommer 94 gehörte ich wieder als Jurist der Universität Strassburg an bis zu meiner Exmatrikulation, welche im Winter-Semester 96/97 erfolgte.

Einer angenehmen Pflicht komme ich nach, wenn ich an dieser Stelle Herrn Professor Heiner für seine Anregung im Studium des kanonistischen Rechts, und Herrn Professor Hinschius für die weitere Ausbildung, sowie Herrn Professor Sickel zu Strassburg, dem Rezensenten dieser Dissertation, meinen verbindlichsten Dank ausspreche.

www.ingramcontent.com/pod-product-compliance
Lightning Source LLC
Chambersburg PA
CBHW020334090426
42735CB00009B/1532